OCÉAN ARCTIQUE

Îles de la Reine-Élisabeth

Île d'Ellesmere

Groenland

Mer de Sibérie orientale

Mer de Beaufort

Île Banks

Île de Victoria

Baie de Baffin

Île de Baffin

Détroit de Davis

Mer Chukchi

Chaîne de Brooks

Yukon

Mont McKinley (Denali) 6 194 m

Monts Kolyma

Chaîne de l'Alaska

Mackenzie

Monts Mackenzie

Grand lac de l'Ours

Grand lac des Esclaves

Baie d'Hudson

Mer du Labrador

Péninsule du Kamchatka

Mer de Béring

Golfe de l'Alaska

Chaîne côtière

Montagnes Rocheuses

AMÉRIQUE DU NORD

Bouclier canadien

Lac Winnipeg

otsk

urils

Îles Aléoutiennes

Îles de la Reine-Charlotte

Île de Vancouver

Grandes Plaines

Missouri

Grands Lacs

Terre-Neuve

Nouvelle-Écosse

OCÉAN PACIFIQUE

Grand bassin

Colorado

Ohio

Appalaches

Mississippi

OCÉAN ATLANTIQUE

Bermudes

Rio Grande

Sierra Madre orientale

Sierra Madre occidentale

Golfe de Mexico

Bahamas

Îles Midway

Îles Hawaii

Hawaii

Cuba

Antilles

Grandes Antilles

Mer des Caraïbes

Petites Antilles

Îles Marshall

icronésie

les olines

Îles de la Ligne

Llanos

Orénoque

Massif guyanais

Tungaru

Mélanésie

Îles Salomon

Îles Galápagos

Bassin de l'Amazone

Amazone

Polynésie

Îles Marquises

AMÉRIQUE DU SUD

Andes

Plateau central brésilien

r de rail

Vanuatu

Fidji

Samoa

Îles Cook

Îles de Tuamotu

OCÉAN PACIFIQUE

Paraguay

Gran Chaco

Tonga

Nouvelle-Calédonie

Îles Pitcairn

Îles Australes

Île de Pâques

Paraná

Uruguay

Cerro Aconcagua 6 959 m

Île du Nord

Archipel Juan Fernandez

Pampa

ont sciuszko 228 m

Mer de Tasman

manie

Île du Sud

Îles Chatham

Nouvelle-Zélande

OCÉAN ATLANTIQUE

Patagonie

Îles Malouines

Terre de Feu

Cap Horn

Géorgie du Sud

Îles Sandwich du Sud

OCÉAN AUSTRAL

Péninsule Antarctique

E

Mon atlas du monde

Éditions
SCHOLASTIC

Catalogage avant publication de Bibliothèque et Archives Canada

Picthall, Chez
Mon atlas du monde / Chez Picthall et Christiane Gunzi ;
texte français du Groupe Syntagme.

Traduction de: Atlas of the world.
Niveau d'intérêt selon l'âge: Pour les 8 ans et plus.

ISBN 978-0-545-98882-7

1. Atlas pour enfants. I. Gunzi, Christiane
II. Groupe Syntagme III. Titre.

G1021.P4514 2009 j912 C2008-906610-3

Édition publiée par les Éditions Scholastic,
604, rue King Ouest, Toronto (Ontario) M5V 1E1

5 4 3 2 1 Imprimé et relié en Malaisie 09 10 11 12 13

Texte de Chez Picthall et Christiane Gunzi

Conception de Gillian Shaw et Paul Calver

Conseiller en cartographie : Roger Bullen

Direction artistique : Chez Picthall

Recherche d'images : Gillian Shaw et Katy Rayner

Index des cartes : Roger Bullen et Paula Metcalf

Index général : Angie Hipkin

Cartographie numérique par Encompass Graphics Ltd, Hove, R.-U.

Reproduction par Colourscan, Singapour

Mon atlas du monde

Chez Picthall

Texte français du Groupe Syntagme inc.

Éditions SCHOLASTIC

Table des matières

Tout sur les cartes 6
Comment utiliser l'atlas 7
La place de notre planète dans l'espace 8–9
Les éléments physiques du monde 10–11
Les pays du monde 12–13
Le climat et la couverture terrestre 14–15
La population de la planète Terre 16–17
Drapeaux et information 18–19

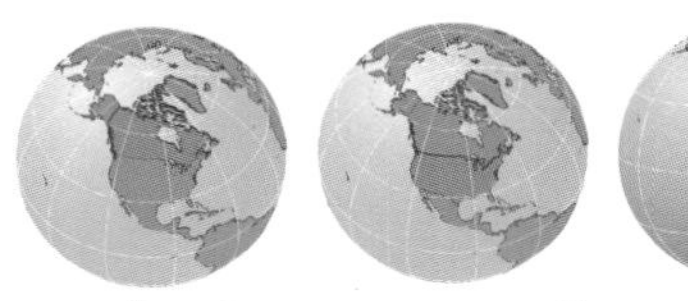

Amérique du Nord

Canada 20–21
États-Unis d'Amérique 22–23
Amérique centrale et Antilles 24–25

Amérique du Sud

Amérique du Sud 26–27

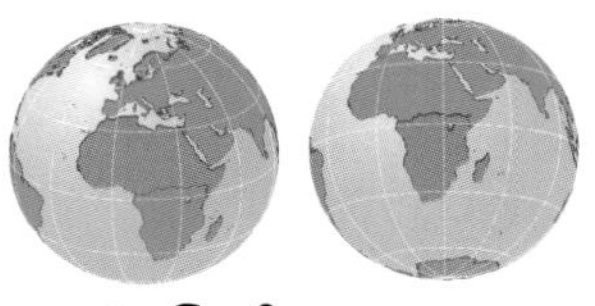

Afrique

Nord de l'Afrique 28–29
Sud de l'Afrique 30–31

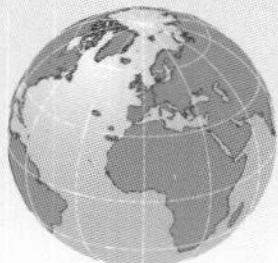
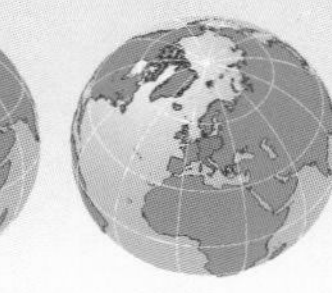
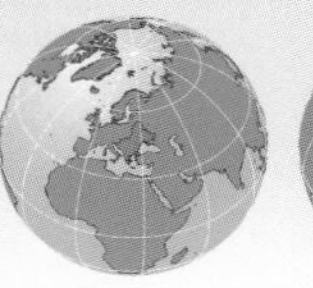

Europe

Europe du Nord 32–33
Europe de l'Ouest 34–35
Europe centrale 36–37
Europe du Sud-Est 38–39
Fédération de Russie 40–41

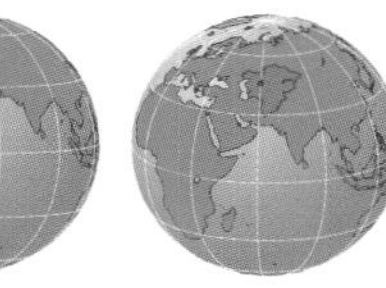

Asie

Asie du Sud-Ouest 42–43
Asie centrale 44–45
Asie du Sud 46–47
Asie de l'Est 48–49
Asie du Sud-Est 50–51

Océanie

Australie 52–53
Îles du Pacifique 54–55
Nouvelle-Zélande 56–57

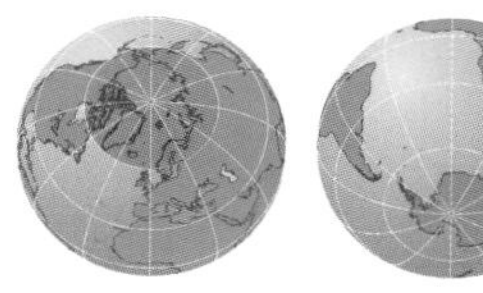

Arctique et Antarctique

Arctique 58
Antarctique 59

Index des cartes 60–67
Index général 68–71
Références photographiques 72

Tout sur les cartes

Les cartes montrent à quoi ressemble la Terre vue d'en haut. Elles fournissent de l'information utile, comme l'emplacement des villes et des villages, le cours des rivières et la position des montagnes. Une carte peut aider à déterminer où l'on est et indique les distances entre deux lieux. Les cartes doivent contenir beaucoup d'information; c'est pourquoi on utilise des symboles, des lignes et des couleurs pour représenter les caractéristiques de la surface de la Terre. On se sert souvent des symboles pour indiquer la position des villes, et des lignes pour représenter les frontières des pays et les rivières.

Un plan de rues

La carte d'un pays

Les échelles cartographiques : Les cartes sont à « grande » ou à « petite » échelle. Les cartes à grande échelle représentent une petite région en détail, comme le plan de rues ci-dessus. Les cartes à petite échelle montrent une grande région avec moins de détails, comme la carte d'un pays ci-dessus. Toutes les cartes de cet atlas sont à petite échelle.

Comment les cartes sont-elles faites?

Les cartes du monde les plus précises sont les globes, car ils ont la même forme que la Terre. Pour transformer un globe en carte plate, les cartographes doivent modifier la forme de la surface de la Terre; ils l'étirent et la déforment un peu. Les cartographes sont les personnes qui créent les cartes. Ils font ce travail à l'aide des mathématiques en utilisant ce qu'on appelle une « projection ». Il y a de nombreuses sortes de projections, et elles sont toutes légèrement différentes.

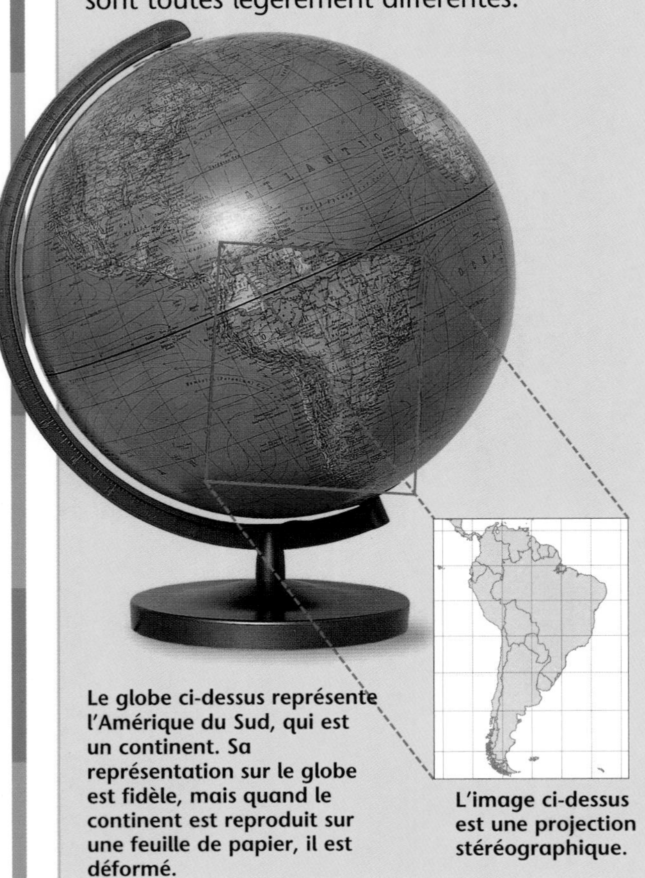

Le globe ci-dessus représente l'Amérique du Sud, qui est un continent. Sa représentation sur le globe est fidèle, mais quand le continent est reproduit sur une feuille de papier, il est déformé.

L'image ci-dessus est une projection stéréographique.

Les méridiens et les parallèles

Pour mieux se repérer, les hommes ont tracé des lignes imaginaires sur toute la surface de la Terre. Ces lignes s'appellent les méridiens et les parallèles. Les parallèles sont des lignes horizontales. Ils indiquent la distance d'un lieu, au nord ou au sud, par rapport à l'équateur (qui est au milieu de la Terre). Les méridiens partent du pôle Nord pour se rendre jusqu'au pôle Sud et indiquent la distance d'un lieu, à l'est ou à l'ouest, par rapport à Greenwich, à Londres. Toutes ces mesures sont calculées en degrés et permettent d'indiquer la position d'un point précis sur la Terre.

Le savais-tu?

◈ Avant de créer une carte, il faut prendre plusieurs milliers de mesures comme les distances entre les villes et les villages, la hauteur des montagnes et la longueur des rivières. Les côtes doivent être mesurées elles aussi. Ces mesures sont prises grâce à des données obtenues par satellite.

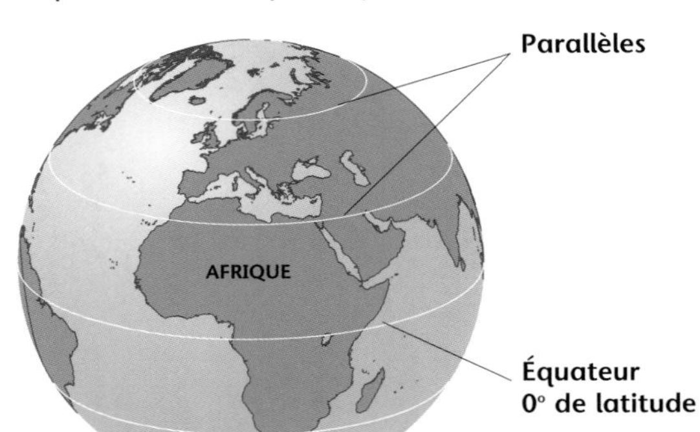

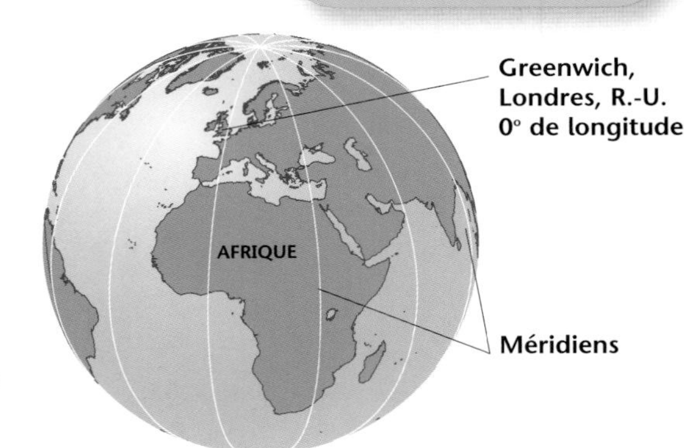

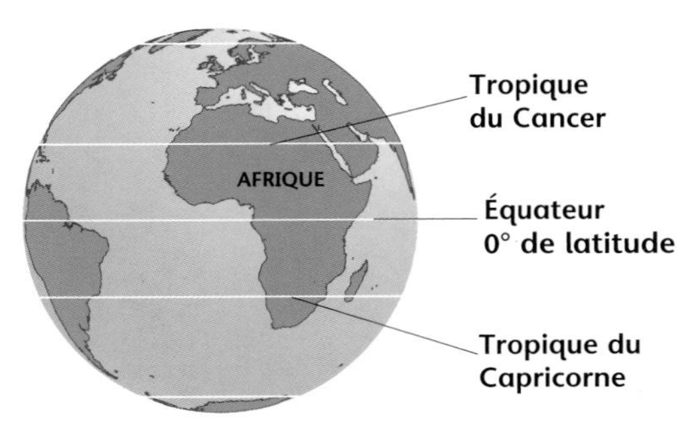

L'équateur et les tropiques

L'équateur est une ligne imaginaire qui partage la Terre en deux. Il se situe à une distance égale entre les pôles Nord et Sud. Au nord et au sud de l'équateur, il y a deux lignes parallèles : les tropiques du Cancer et du Capricorne. Entre ces lignes, les pays et le climat sont tropicaux.

Les pôles Nord et Sud

Les pôles Nord et Sud sont les points les plus au nord et au sud sur la Terre. Ils sont invisibles et sont situés là où tous les méridiens se rencontrent. Si tu étais exactement sur le pôle Sud, tu ne pourrais aller que vers le nord, et si tu étais sur le pôle Nord, tu ne pourrais aller que vers le sud! Sous le pôle Nord, il n'y a pas de terre, seulement les eaux gelées de l'océan Arctique.

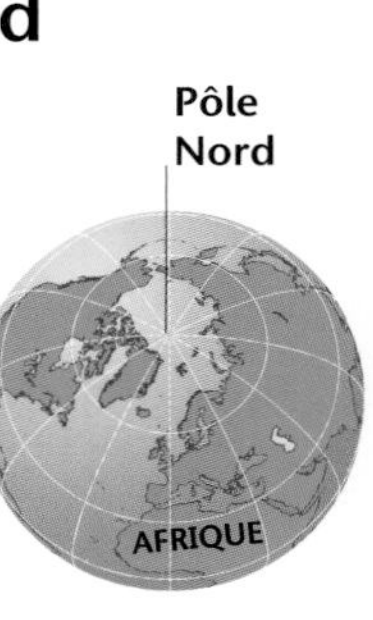

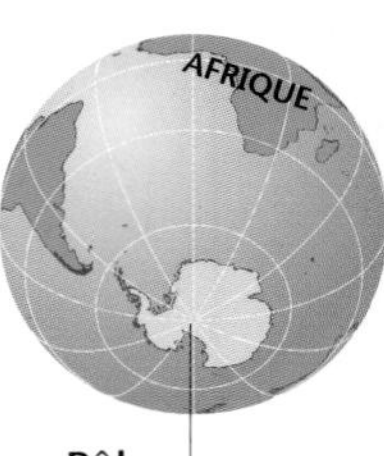

Comment utiliser l'atlas

Les cartes de l'atlas sont présentées par continent et respectent l'ordre suivant : Amérique du Nord, Amérique du Sud, Afrique, Europe, Asie, Océanie et Antarctique. Chaque carte s'étale sur deux pages, et le nom des pays représentés sur chaque carte se trouve en haut, à gauche, pour pouvoir trouver chaque pays facilement. L'Antarctique et l'Arctique occupent les deux dernières pages. Chaque carte est accompagnée de photographies de paysages, d'animaux ou de plantes sauvages, d'industries, de lieux connus et d'aliments typiques, ainsi que de faits intéressants, pour donner un aperçu de chaque région.

Les index

L'atlas comprend deux index. Le premier fournit une liste de tous les noms de lieux indiqués sur les cartes. Le deuxième dresse une liste des animaux, des industries et d'autres sujets présentés dans le livre. Pour apprendre comment utiliser les index, il faut se rendre à la page 60.

••A••

Aalborg Danemark 33 L10
Aasiat Groenland 58 B6
Aberdeen Écosse, R.-U. 35 O2
Abha Arabie saoudite 43 N10
Abidjan Côte d'Ivoire 28 H10
Abou Dhabi capitale Émirats arabes unis 43 Q8
Abuja capitale Nigéria 28 J10
Acapulco Mexique 24 G8
Accra capitale Ghana 28 H10
Achgabat capitale Turkménistan 45 K9
Aconcagua, Cerro montagne Argentine 27 O9
Açores archipel Portugal 34 I11
Ad Dahna désert Arabie saoudite 43 O7
Ad Damman Arabie saoudite 43 P7
Adana Turquie 43 L3

Index des noms de lieux

La rubrique de la région indique la région ou le pays représenté sur la carte.

La rubrique du continent indique dans quel continent la région se trouve.

L'introduction fournit un contexte en donnant de l'information générale sur la région.

Les encadrés Le savais-tu? présentent des faits intéressants sur les pays figurant sur chacune des cartes.

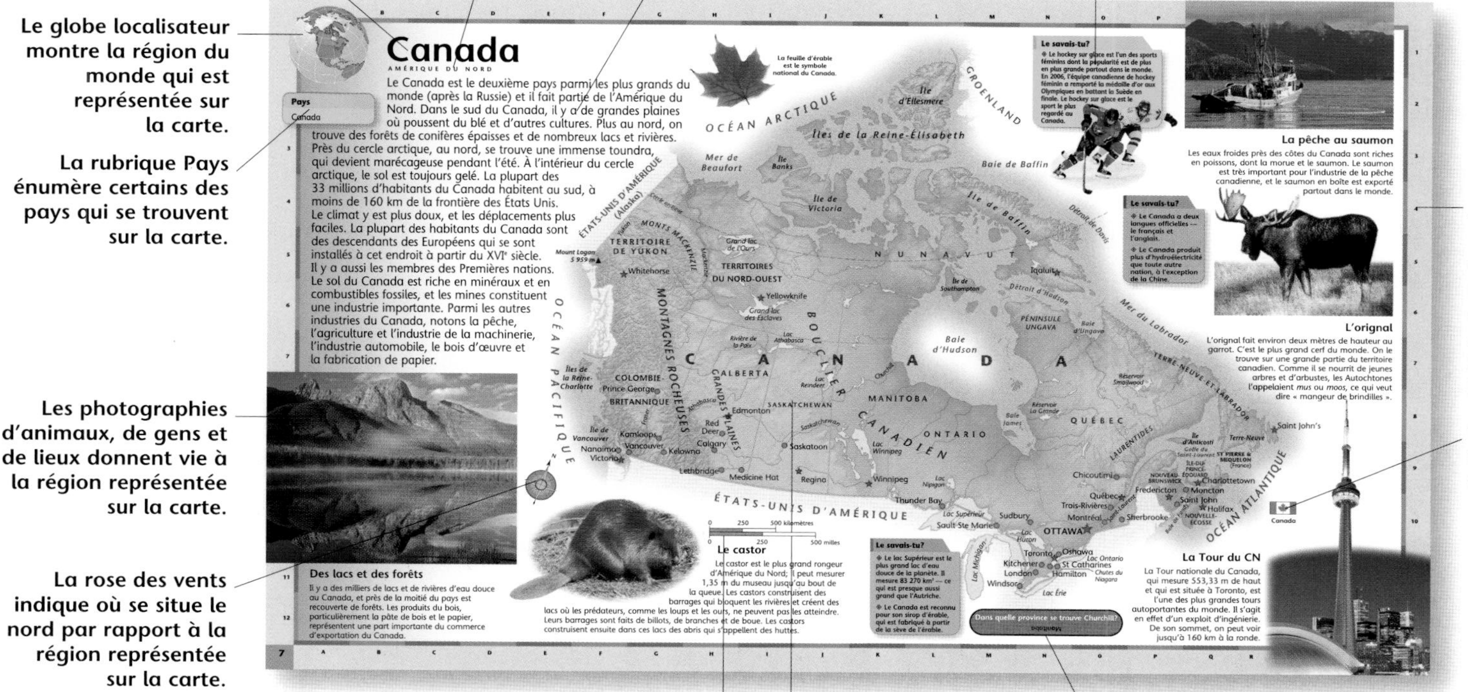

Les lettres et les nombres de la grille t'aident à repérer sur la carte les villes, les villages, les rivières, les montagnes et les autres éléments énumérés dans l'index des noms de lieux.

Le drapeau national figure à côté du pays auquel il appartient.

L'échelle graphique aide à déterminer les distances entre les lieux, ainsi que la grandeur des pays.

Les couleurs indiquent l'altitude des terres.

La question figurant ici concerne un détail du texte ou de la carte.

Légende pour toutes les cartes

Altitude

- 2 000 mètres
- 1 000 mètres
- 500 mètres
- 200 mètres
- Niveau de la mer

Éléments de la carte

Symbole	Signification
Grand Canyon	Élément physique
▲ Kilimandjaro	Hauteur de la montagne
Limpopo	Rivière ou fleuve
Chutes de l'Ange	Chutes
Lac Okeechobee	Lac
Grand Lac Salé	Lac salé
Dodécanèse	Archipel, soit un groupe d'îles
Cap de Bonne-Espérance	Promontoire
Mer de Beaufort	Mer
OCÉAN ATLANTIQUE	Océan
★ SUCRE	Capitale nationale
Cali ○	Grande ville
★ Helena	Capitale d'État
ALBANIE	Pays
MARTINIQUE (France)	Territoire dépendant
IOWA	État
	Frontière entre deux pays
	Frontière entre deux États
	Frontière contestée

La place de notre planète dans l'espace

Si nous devions écrire l'adresse de la planète Terre, ce serait : Terre, Système solaire, Voie lactée, Univers. La Terre fait partie du système solaire, qui n'est qu'une partie infime de notre galaxie, la Voie lactée. Une galaxie est un énorme groupe composé de centaines de milliards d'étoiles. L'univers est lui-même composé de milliards de galaxies. L'univers est le nom que l'on donne à l'espace.

La Voie lactée

Notre Soleil est l'une des 200 milliards d'étoiles qui composent la Voie lactée. La Voie lactée est une gigantesque galaxie spirale. Pour la traverser, il faudrait 100 000 « années-lumière » !

Le système solaire

Notre système solaire est composé du Soleil, de même que de huit planètes et de nombreux autres corps célestes (comètes, lunes et astéroïdes) qui tournent autour du Soleil. Le Soleil est une étoile. Sa puissante gravité garde tout en orbite autour de lui. Les quatre planètes qui sont les plus près du Soleil (Mercure, Vénus, la Terre et Mars) sont faites de roches et de métal. Les quatre planètes les plus éloignées (Jupiter, Saturne, Uranus et Neptune) sont principalement composées de gaz ou de liquides. Elles sont connues sous le nom de « géantes gazeuses ».

Pluton
Pluton avait autrefois le statut de planète. Toutefois, en 2006, l'Union astronomique internationale a décidé que Pluton était seulement une « planète naine ».

Neptune
Il s'agit de la planète la plus éloignée du Soleil. Un mathématicien français l'a découverte en 1843 en faisant des calculs, mais elle n'a été aperçue que trois ans plus tard.

Uranus
L'atmosphère d'Uranus contient un gaz, le méthane, qui donne une couleur bleue à la planète. Les scientifiques croient que cette planète est composée de divers matériaux glacés (méthane, eau et ammoniac) entourant un noyau solide.

Saturne
Cette planète est entourée de nombreux « anneaux » qui font quelques centaines de mètres d'épaisseur et environ 270 000 kilomètres de diamètre. Ils sont formés de millions de particules glacées. La taille de ces particules varie. Certaines sont de minuscules morceaux de quelques millimètres de largeur, tandis que d'autres sont énormes et atteignent des dizaines de mètres de diamètre.

Le savais-tu?

◈ Les distances dans l'espace sont si grandes que les scientifiques les mesurent en « années-lumière ». Une année-lumière est la distance que parcourt la lumière en une année : 9 460 milliards de kilomètres!

◈ La lumière du Soleil parvient à la Terre en un peu plus de huit minutes.

La distance relative entre les planètes et le Soleil

Neptune
Cette planète se situe à environ 4,5 milliards de kilomètres du Soleil.

Uranus
Saturne
Jupiter
Mars
Terre
Vénus
Mercure
Solei

Le Soleil

Le Soleil existe depuis environ 4,5 milliards d'années, et il n'a vécu que la moitié de sa vie. Il fait 1,4 million de kilomètres de diamètre et est composé principalement d'hydrogène et d'hélium. La température à sa surface est de 5 500 °C.

La Lune
La lune de la Terre ne contient pas d'eau et elle est faite de roche solide. Elle est couverte de cratères créés par les météorites qui sont entrés en collision avec elle.

La Terre
La Terre est la troisième planète du système solaire, et, pour autant qu'on sache, c'est la seule planète du système solaire où il y a de la vie.

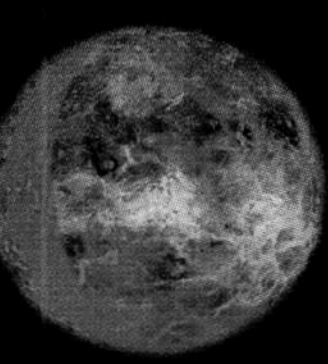

Vénus
La planète Vénus est l'objet le plus lumineux dans le ciel nocturne, après la Lune. Son atmosphère reflète plus de lumière du Soleil que toute autre planète.

Mercure
La planète la plus proche du Soleil est Mercure. De toutes les planètes, c'est elle qui met le moins de temps à faire le tour du Soleil.

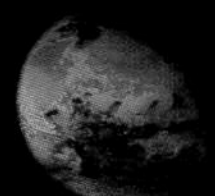

Mars
De la poussière rouge vif couvre la majeure partie de la planète Mars. Cette poussière est souvent déplacée par le vent, ce qui crée de violentes tempêtes. Quand il y a une tempête, il est impossible de voir la surface de la planète.

Jupiter
Cette planète géante est presque entièrement composée de gaz. Jupiter est la plus grosse planète du système solaire, et son diamètre est 11 fois plus grand que celui de la Terre.

Le savais-tu?

Pour être considéré comme une planète, un corps céleste doit satisfaire aux critères suivants :

1) Il doit tourner autour d'un soleil.
2) Il doit être suffisamment gros pour que sa propre gravité lui ait donné la forme d'une sphère.
3) Il doit avoir éliminé les autres objets de son orbite.

Pluton ne satisfait pas au troisième critère. C'est pourquoi on a déterminé, en 2006, qu'il ne s'agissait pas d'une planète, mais d'une « planète naine ».

Les nombreuses couches de la planète Terre

La couche rocheuse de la Terre sur laquelle nous vivons s'appelle l'écorce terrestre. Elle fait environ 40 km d'épaisseur. Les scientifiques croient que le noyau interne de la Terre est composé de fer solide. Ce noyau est entouré d'une couche de fer et de nickel en fusion, que l'on appelle le noyau externe. Entre le noyau externe de la Terre et son écorce se trouve le manteau.

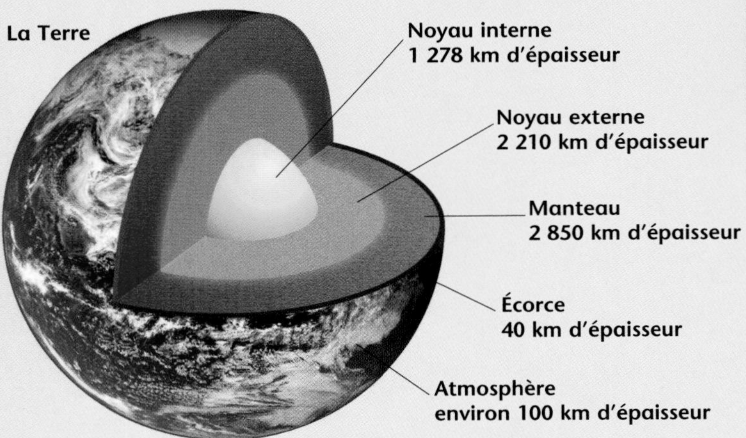

Quand la surface de la Terre se déplace

L'écorce terrestre est composée de « plaques tectoniques » qui se déplacent constamment et se poussent les unes les autres. La plupart du temps, ces mouvements sont si infimes que nous ne les sentons pas. Toutefois, il arrive que les plaques se déplacent violemment, et ces mouvements sont alors faciles à remarquer puisqu'ils causent des tremblements de terre ou des éruptions volcaniques.

Les tremblements de terre
Quand les plaques tectoniques se fixent les unes aux autres au lieu de se frôler, une tension se crée dans la roche jusqu'à ce qu'elle craque ou présente une « faille ». Cela cause des ondes de choc sur la Terre, déclenchant un tremblement de terre. Les tremblements de terre violents peuvent parfois détruire une ville entière.

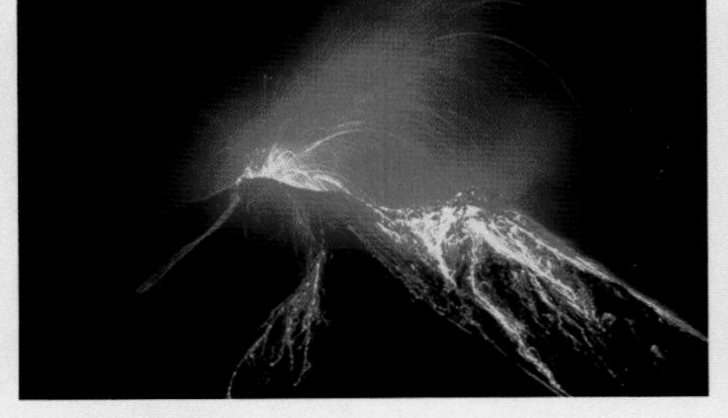

Les volcans
Quand l'écorce terrestre présente une faiblesse, ou quand deux plaques tectoniques se rencontrent, du magma (roche en fusion) s'échappe, et des volcans finissent par se former au fil du temps. La pression du magma qui monte vers la surface de la Terre peut être si puissante que le volcan peut faire éruption et cracher de la lave.

Les éléments physiques du monde

A B C D E F G H I J

1 2 3 4 5 6 7 8 9 10 11 12

30° 0° 30° 60° 90° 120° 150°

Groenland
Mer du Groenland
Spitsberg
Terre François-Joseph
Severnaïa Zemlia
Archipel de Nouvelle-Sibérie
Nouvelle-Zemble
Mer de Kara
Mer de Laptev
Péninsule de Taïmyr
Plaine de Sibérie septentrionale
Mer de Barents
Mer de Norvège
Détroit de Danemark
Cercle arctique
ISLANDE
Îles Féroé
Scandinavie
Dvina occidentale
Pechora
Ob'
Ienisseï
Plateau de Sibérie centrale
Lena
Monts Verkhoïansk
Lac Onéga
Plaine de Sibérie occidentale
Sibérie
Ob'
Angara
Lena
Aldan
Mer d'Okhotsk
Sakha
60°
Lac Ladoga
Mer Baltique
Mer du Nord
Grande-Bretagne
Irlande
Plaine nord-européenne
Volga
Monts Oural
Irtych
Ienisseï
Lac Baïkal
Amour
Océan Atlantique
Rhin
Europe
Dniepr
Don
Lac Balkhash
Monts Altaï
Asie
Golfe de Gascogne
Loire
Alpes
Monts Carpathes
Volga
Mer d'Aral
Plaine de Mandchourie
Caucase
Elbrous 5 642 m
Danube
Mer Noire
Mer Caspienne
Tian Shan
Gobi
Péninsule Ibérique
Açores
Anatolie
Amu Darya
Désert de Takla-Makan
Mer du Japon
Japon
Hokkaido
Mer Méditerranée
Tigre
Euphrate
Monts Zagros
Plateau iranien
Hindu Kush
Plateau du Tibet
Fleuve Jaune
Mer Jaune
Honshu
Monts Atlas
Himalaya
Grande plaine de Chine
Shikoku
Kyushu
30°
Îles Canaries
Désert de Libye
Brahmapoutre
Golfe Persique
Indus
Désert du Thar
Mont Everest 8 850 m
Gange
Yangtzé
Mer de Chine orientale
Tropique du Cancer
Nil
Mer Rouge
Péninsule arabique
Irrawaddy
Xi Jiang
Taïwan
Sahara
Mer d'Oman
Deccan
Golfe du Bengale
Salouen
Mer des Philippines
Îles Mariannes
Sénégal
Niger
Lac Tchad
Sahel
Nil Blanc
Nil Bleu
Golfe d'Aden
Mékong
Îles du Cap-Vert
Archipel des Laquedives
Îles Andaman
Mer de Chine méridionale
Îles Philippines
Afrique
Massif éthiopien
Îles Nicobar
Grande fosse orientale
Archipel des Maldives
Sri Lanka
Péninsule Malaise
Mer des Célèbes
Îles Carolines
Golfe de Guinée
Ubangi
Équateur
Bornéo
Bassin du Congo
Congo
Kilimandjaro 5 895 m
Lac Victoria
Sumatra
Indes orientales
Sulawesi
Nouvelle-Guinée
Seychelles
Îles Chagos
Mer de Java
Java
Île de l'Ascension
Lac Tanganyika
Archipel des Comores
Timor
Mer d'Arafura
Lac Nyasa
Îles Cocos
Île Sainte-Hélène
Canal de Mozambique
Zambezi
Madagascar
Île Maurice
La Réunion
Océan Indien
Cordillère
Désert du Namib
Désert du Kalahari
Tropique du Capricorne
Grand Désert de Sable
Désert de Simpson
Australie
Océan Atlantique
Fleuve Orange
30°
Plaine de Nullarbor
Darling
Grande Baie Australienne
Cap de Bonne-Espérance
Mont Kosciuszko 2 228 m
Tasmanie
Archipel du Prince-Édouard
Île Crozet
Kerguelen
60°
OCÉAN AUSTRAL
Cercle antarctique
ANTARCTIQUE

K
L
M
N
O
P
Q
R
S
T
180°
150°
120°
90°
60°
30°
OCÉAN ARCTIQUE
Îles de la Reine-Élisabeth
Île d'Ellesmere
Groenland
Mer Chukchi
Mer de Beaufort
Île Banks
Île de Victoria
Baie de Baffin
Île de Baffin
Détroit de Davis
Cercle arctique
Chaîne de Brooks
Yukon
Mont McKinley (Denali) 6 194 m
Mackenzie
Monts Mackenzie
Grand lac de l'Ours
Grand lac des Esclaves
Chaîne de l'Alaska
Mer de Béring
Golfe de l'Alaska
Chaîne côtière
Montagnes Rocheuses
Amérique du Nord
Bouclier canadien
Baie d'Hudson
Mer du Labrador
60°
Îles Aléoutiennes
Îles de la Reine-Charlotte
Île de Vancouver
Lac Winnipeg
Grandes Plaines
Missouri
Grands Lacs
Terre-Neuve
Nouvelle-Écosse
Océan Pacifique
Grand bassin
Colorado
Ohio
Appalaches
Mississippi
Océan Atlantique
Bermudes
30°
Rio Grande
Sierra Madre orientale
Sierra Madre occidentale
Golfe du Mexique
Bahamas
Tropique du Cancer
Îles Midway
Îles Hawaii
Hawaii
Cuba
Grandes Antilles
Antilles
Mer des Caraïbes
Petites Antilles
Îles Marshall
Îles de la Ligne
Llanos
Orénoque
Massif guyanais
Tungaru
Équateur
Îles Galápagos
Bassin de l'Amazone
Amazone
Polynésie
Îles Marquises
Amérique du Sud
Andes
Samoa
Îles Cook
Îles de Tuamotu
Fidji
Tonga
Océan Pacifique
Gran Chaco
Paraguay
Plateau brésilien
Tropique du Capricorne
Îles Pitcairn
Îles Australes
Île de Pâques
Paraná
Uruguay
Cerro Aconcagua 6 959 m
Archipel Juan Fernandez
Pampa
Île du Nord
Île du Sud
Nouvelle-Zélande
Îles Chatham
0 1 000 2 000 kilomètres
0 1 000 2 000 milles
Patagonie
Océan Atlantique
Îles Malouines
Géorgie du Sud
Terre de Feu
Cap Horn
Îles Sandwich du Sud
OCÉAN AUSTRAL
Péninsule Antarctique
Cercle antarctique
1
2
3
4
5
6
7
8
9
10
11
12

Les pays du monde

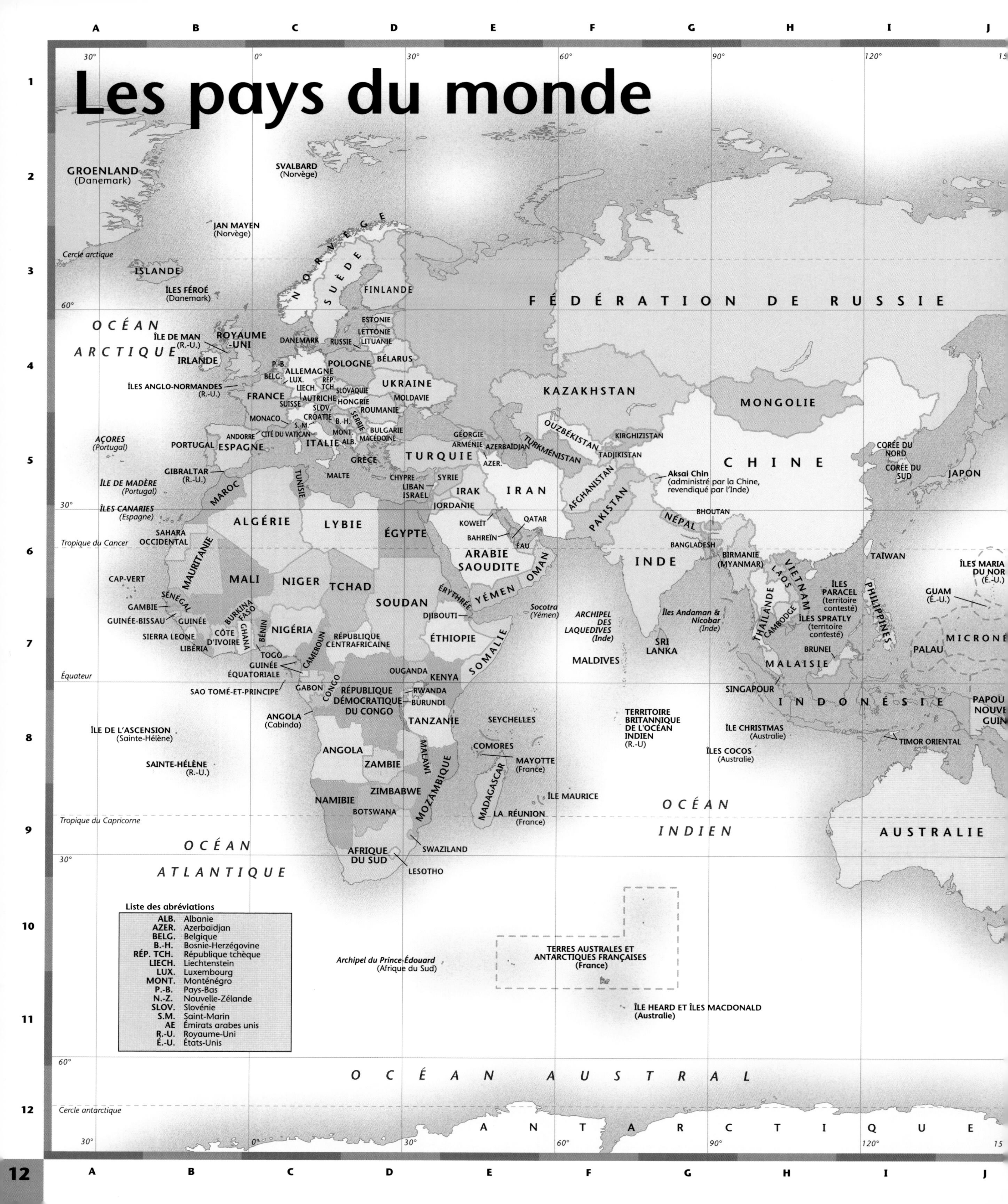

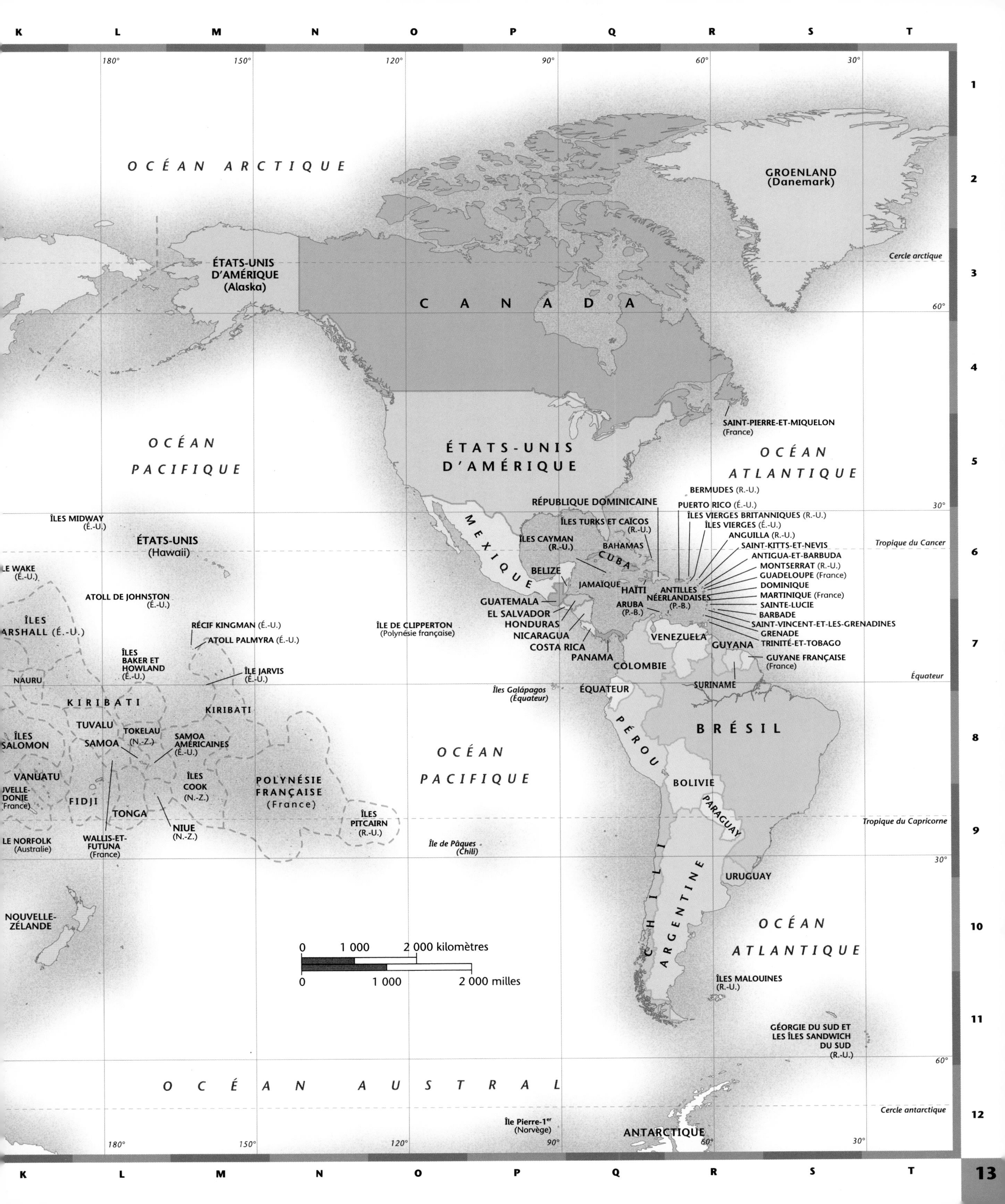
OCÉAN ARCTIQUE
GROENLAND
(Danemark)
ÉTATS-UNIS
D'AMÉRIQUE
(Alaska)
CANADA
Cercle arctique
SAINT-PIERRE-ET-MIQUELON
(France)
OCÉAN
PACIFIQUE
ÉTATS-UNIS
D'AMÉRIQUE
OCÉAN
ATLANTIQUE
BERMUDES (R.-U.)
RÉPUBLIQUE DOMINICAINE
PUERTO RICO (É.-U.)
ÎLES VIERGES BRITANNIQUES (R.-U.)
ÎLES VIERGES (É.-U.)
ANGUILLA (R.-U.)
SAINT-KITTS-ET-NEVIS
ANTIGUA-ET-BARBUDA
MONTSERRAT (R.-U.)
GUADELOUPE (France)
DOMINIQUE
MARTINIQUE (France)
SAINTE-LUCIE
BARBADE
SAINT-VINCENT-ET-LES-GRENADINES
GRENADE
TRINITÉ-ET-TOBAGO
ÎLES TURKS ET CAÏCOS
(R.-U.)
ÎLES CAYMAN
(R.-U.)
BAHAMAS
CUBA
MEXIQUE
BELIZE
JAMAÏQUE
HAÏTI
ANTILLES
NÉERLANDAISES
(P.-B.)
ARUBA
(P.-B.)
GUATEMALA
EL SALVADOR
HONDURAS
NICARAGUA
COSTA RICA
PANAMA
VENEZUELA
GUYANA
GUYANE FRANÇAISE
(France)
COLOMBIE
SURINAME
Tropique du Cancer
Équateur
ÎLES MIDWAY
(É.-U.)
ÉTATS-UNIS
(Hawaii)
LE WAKE
(É.-U.)
ATOLL DE JOHNSTON
(É.-U.)
ÎLES
ARSHALL (É.-U.)
RÉCIF KINGMAN (É.-U.)
ATOLL PALMYRA (É.-U.)
ÎLE DE CLIPPERTON
(Polynésie française)
ÎLES
BAKER ET
HOWLAND
(É.-U.)
ÎLE JARVIS
(É.-U.)
NAURU
Îles Galápagos
(Équateur)
ÉQUATEUR
KIRIBATI
KIRIBATI
TUVALU
TOKELAU
(N.-Z.)
SAMOA
SAMOA
AMÉRICAINES
(É.-U.)
ÎLES
SALOMON
PÉROU
BRÉSIL
OCÉAN
PACIFIQUE
VANUATU
ÎLES
COOK
(N.-Z.)
POLYNÉSIE
FRANÇAISE
(France)
BOLIVIE
UVELLE-
DONIE
France)
FIDJI
TONGA
ÎLES
PITCAIRN
(R.-U.)
PARAGUAY
Tropique du Capricorne
LE NORFOLK
(Australie)
WALLIS-ET-
FUTUNA
(France)
NIUE
(N.-Z.)
Île de Pâques
(Chili)
CHILI
ARGENTINE
URUGUAY
NOUVELLE-
ZÉLANDE
0 1 000 2 000 kilomètres
0 1 000 2 000 milles
OCÉAN
ATLANTIQUE
ÎLES MALOUINES
(R.-U.)
GÉORGIE DU SUD ET
LES ÎLES SANDWICH
DU SUD
(R.-U.)
OCÉAN AUSTRAL
Cercle antarctique
Île Pierre-1er
(Norvège)
ANTARCTIQUE
180° 150° 120° 90° 60° 30°
60° 30° 30° 60°
K L M N O P Q R S T
1 2 3 4 5 6 7 8 9 10 11 12

Le climat et la couverture terrestre

Le climat est l'ensemble des phénomènes météorologiques d'une région sur environ 30 ans. Le climat d'un lieu dépend de son ensoleillement et de la pluie qu'il reçoit, de sa distance de la mer et des courants marins, ainsi que de son altitude par rapport au niveau de la mer. Le type de plantes qui poussent dans une région varie selon le climat. Pour désigner le type de végétation qui pousse dans une région, par exemple les prairies ou la forêt tropicale, on parle de « couverture terrestre ». Les types de couverture terrestre sont très variés et chacune convient à différents animaux. Les pays situés près de l'équateur reçoivent le plus de soleil et de pluie. C'est dans ces habitats que l'on trouve le plus d'animaux et de plantes. Dans les régions où il y a peu de pluie, ou dans celles où les températures sont trop basses ou trop élevées, comme au Sahara ou aux pôles Nord et Sud, seules quelques espèces de plantes et d'animaux peuvent survivre.

Le climat changeant de la Terre

Le climat de la planète change graduellement, et cela a des incidences considérables sur la faune et les humains. Certaines régions connaissent des inondations inhabituelles tandis que d'autres sont touchées par la sécheresse. De nombreuses espèces animales, dont les ours polaires, sont menacées par les changements climatiques. Les plantes et les animaux ne pourront pas tous s'adapter à ces nouvelles conditions. Dans les régions les plus durement touchées, certaines espèces vont disparaître.

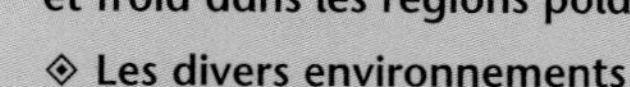

Le savais-tu?

◈ Les rayons du Soleil sont plus puissants à l'équateur qu'aux pôles Nord et Sud. C'est pourquoi il fait chaud dans les régions tropicales et froid dans les régions polaires.

◈ Les divers environnements (habitats) de la planète Terre où il y a de la vie s'appellent des biomes. Une région précise, comme une forêt ou un désert, s'appelle un écosystème.

Les conditions météorologiques extrêmes

Les grosses tempêtes, les pluies fortes, les vents violents et les longues périodes sans pluie sont des exemples de conditions météorologiques extrêmes qui causent souvent des inondations ou des sécheresses importantes, parfois dévastatrices. Des personnes perdent la vie ou se retrouvent sans toit, des animaux sauvages ou domestiques sont tués et les récoltes sont détruites.

La forêt tempérée de feuillus

Les forêts qui se trouvent dans des zones tempérées de la planète ont des températures douces et beaucoup de pluie. Dans ces forêts poussent des chênes, des hêtres, des bouleaux et des châtaigniers. Les arbres feuillus absorbent des éléments nutritifs pendant l'été et perdent leurs feuilles à l'automne pour dépenser le moins d'énergie et d'eau possible.

La forêt tropicale de feuillus

Les forêts tropicales qui poussent près de l'équateur ont des températures élevées et reçoivent beaucoup de pluie pendant toute l'année. Ces forêts peuvent contenir plus de 50 000 espèces d'arbres, ainsi qu'un nombre considérable d'autres plantes et d'animaux.

La forêt de conifères

Une bande de grands arbres qui ont des aiguilles qui ne tombent pas en hiver s'étend au nord de l'Asie, de l'Europe et de l'Amérique du Nord. Ces arbres peuvent survivre à des hivers froids puisqu'ils absorbent des éléments nutritifs toute l'année.

Les terres agricoles

Une grande partie des terres les plus fertiles de la planète, surtout en Europe et en Amérique du Nord, n'ont plus leur couverture naturelle. Cette couverture a été détruite au cours des siècles, pour laisser place à l'agriculture.

Les prairies

Dans les régions d'un continent où il ne pleut pas assez pour que des arbres poussent, il y a d'immenses prairies. Dans le Nord, on les appelle les steppes ou les plaines. En Amérique du Sud, elles sont connues sous le nom de pampas.

La toundra

On trouve la toundra près du cercle arctique. La terre y est gelée pendant la plus grande partie de l'année. Dans les endroits où elle dégèle pendant quelques mois, des lichens, de la mousse et de petits arbustes peuvent pousser.

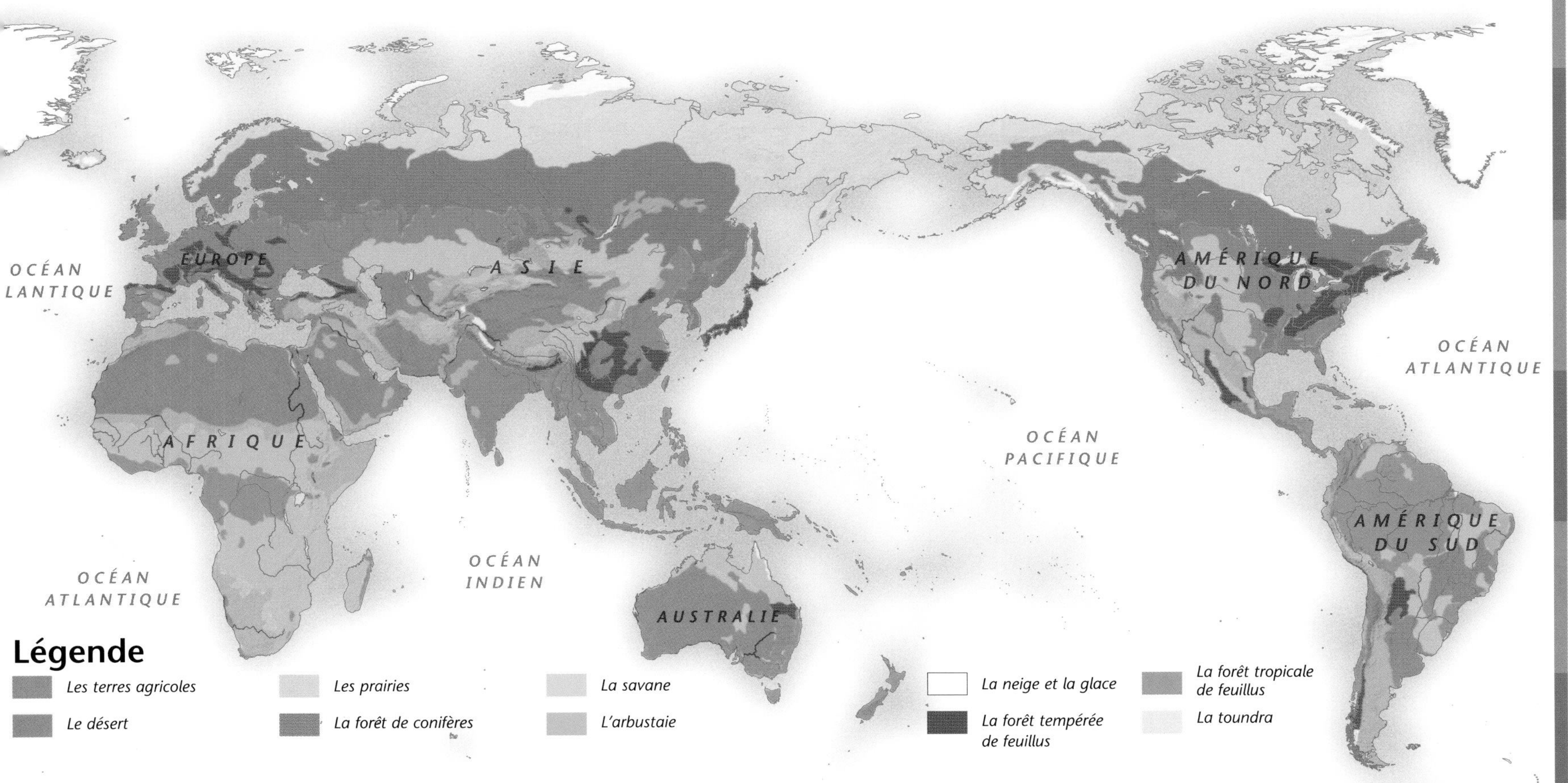

La neige et la glace

En Arctique et en Antarctique, ainsi qu'au sommet des chaînes de montagnes comme les Alpes et les Andes, il y a de la neige et de la glace pendant toute l'année. Les températures ne dépassent jamais le point de congélation, et il y a souvent beaucoup de vent. Très peu d'animaux et de plantes peuvent survivre dans un environnement aussi rigoureux.

L'arbustaie

À la limite des déserts chauds et des déserts froids, on trouve des zones d'arbustes. Là où il fait trop chaud ou trop froid pour que des arbres survivent, les arbustes coriaces à épines ou à petites feuilles poussent bien.

Le désert

Les déserts reçoivent très peu d'eau et sont souvent venteux. Peu de plantes et d'animaux peuvent y survivre puisque la température peut dépasser 40 °C le jour et descendre en dessous du point de congélation la nuit.

La savane

Entre les déserts chauds et les forêts tropicales, il y a la savane. On y retrouve de l'herbe et beaucoup d'arbres, mais les arbres ne poussent pas près les uns des autres.

La population de la planète Terre

Chaque seconde, la population de la planète augmente de deux ou trois personnes. Il y a 100 ans, il y avait 1,6 milliard d'êtres humains sur la Terre, mais, d'ici 2010, il pourrait y en avoir plus de 6,9 milliards. Les scientifiques ont calculé que la population mondiale atteindra 9 milliards en 2050 si les taux de naissance et de décès demeurent les mêmes qu'aujourd'hui. Les humains habitent presque toutes les parties du monde, mais ils ne sont pas répartis de manière égale. Dans certains pays, comme Singapour, la population est très dense, et des milliers de personnes partagent chaque kilomètre carré de terre (le nombre de personnes par kilomètre carré s'appelle la densité de population), tandis que dans d'autres pays, comme la Mongolie, on compte moins de deux habitants par kilomètre carré. La plupart des régions très peu habitées sont soit trop chaudes et sèches, comme le Sahara, soit trop froides, comme les pôles.

Y en a-t-il assez pour tout le monde?

À mesure que la population mondiale augmente, il faut toujours plus de nourriture, d'eau, de carburant et de maisons. Dans certaines régions, il n'y a pas suffisamment d'eau potable ou d'abris pour tout le monde. Certains pays ne peuvent pas produire assez de nourriture et n'ont pas de carburant.

La population mondiale

La carte à droite montre comment la population mondiale est répartie. La plus grande partie des humains habitent en Asie du Sud et de l'Est. En 1900, seul un petit nombre de villes comptait plus de un million d'habitants. Aujourd'hui, dans le monde, 25 villes comptent plus de 15 millions d'habitants.

En EUROPE, les étés sont le plus souvent chauds, et les hivers, doux. Une grande partie des terres est fertile et facile à cultiver, ce qui assure des conditions de vie idéales.

En AFRIQUE se trouve le Sahara, qui est le plus grand désert de la planète. Y vivre est difficile parce que les températures varient entre 50 °C le jour et en dessous de 0 °C la nuit. La plupart des gens qui habitent le Sahara appartiennent à des tribus nomades.

C'est L'ASIE DU SUD qui est la région la plus peuplée de la planète. Sa population est l'une de celles qui augmentent le plus vite et compose le cinquième de la population mondiale.

FÉDÉRATION DE RUSSIE
OCÉAN ATLANTIQUE
EUROPE
ASIE
AFRIQUE
Le Caire
Karachi
Delhi
Mumbai
Calcutta
Séoul
Tokyo
Osaka
Shanghaï
Manille
Jakarta
AUSTRALIE
OCÉAN INDIEN

Des villes fourmillantes

Dans les années 1900, seul un habitant de la planète sur dix habitait dans une ville. Aujourd'hui, plus de la moitié des humains habitent en ville. C'est en Inde et en Chine que l'on trouve le plus grand nombre de villes ayant une population de plus de un million, même si les deux tiers de la population de ces pays habitent à la campagne. D'ici 2030, près des deux tiers de la population mondiale pourraient habiter dans les villes.

La croissance démographique

Les humains sont actuellement six fois plus nombreux qu'ils ne l'étaient il y a 200 ans. Cela s'explique surtout par l'amélioration des soins de santé et des moyens de produire de la nourriture et de distribuer de l'eau potable. Une population bien nourrie et bénéficiant de meilleurs soins de santé donne naissance à un plus grand nombre de bébés qui survivent, et son espérance de vie est meilleure.

Le savais-tu?

◈ On calcule la densité de la population d'un pays en divisant le nombre d'habitants dans ce pays par le nombre de kilomètres carrés de son territoire.

◈ La population mondiale a connu son rythme de croissance le plus rapide entre les années 1960 et 1990. En 40 ans, elle est passée de 3 milliards à 6 milliards d'habitants.

Voici les pays les plus peuplés du monde.

En 2007, il y avait 11 pays dont la population nationale était supérieure à 100 millions de personnes.

1	Chine	1 321 851 888
2	Inde	1 129 866 154
3	États-Unis	301 139 947
4	Indonésie	234 693 997
5	Brésil	190 010 647
6	Pakistan	164 741 924
7	Bangladesh	150 448 339
8	Russie	141 377 752
9	Nigéria	135 031 164
10	Japon	127 433 494
11	Mexique	108 700 891

Le contrôle des naissances

Dans certaines régions du monde, les gens ont de grandes familles, et ce, pour diverses raisons, comme les croyances religieuses, les traditions ou la pauvreté. Pour ralentir la croissance démographique, de nombreux gouvernements enseignent maintenant la planification familiale à leurs habitants. En Chine, le gouvernement a décidé que les couples ne pouvaient pas avoir plus d'un enfant sans permission.

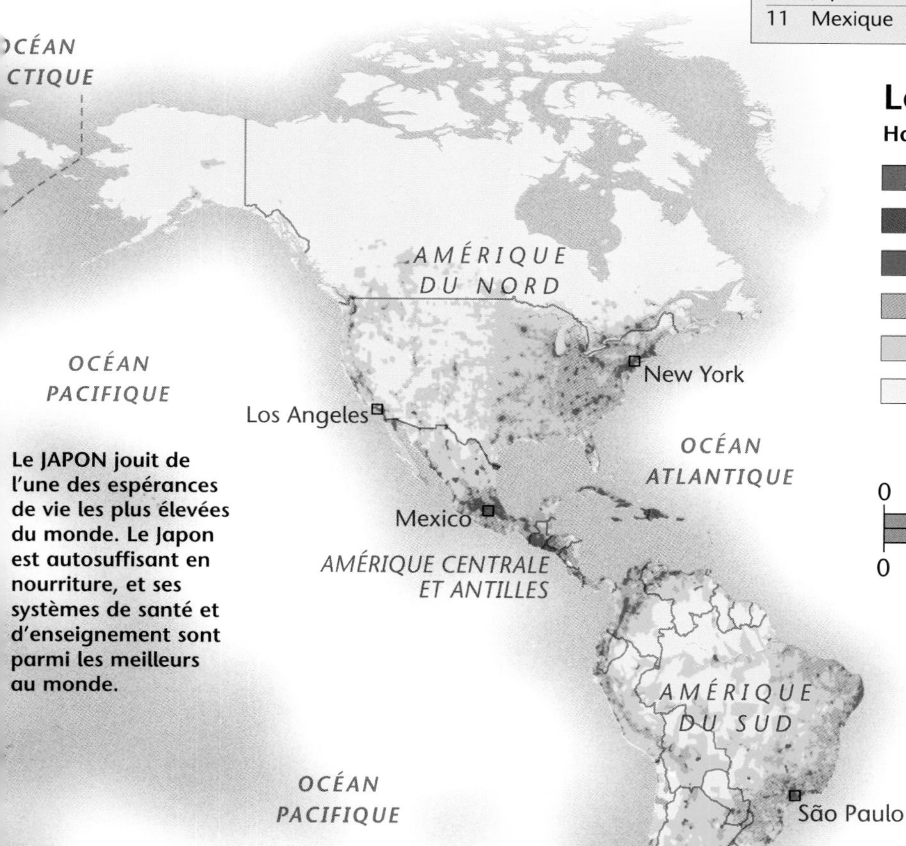

Le JAPON jouit de l'une des espérances de vie les plus élevées du monde. Le Japon est autosuffisant en nourriture, et ses systèmes de santé et d'enseignement sont parmi les meilleurs au monde.

Légende de la carte :

Habitants par kilomètre carré

- *Plus de 1 000*
- *100–999*
- *50–99*
- *10–49*
- *1–9*
- *moins de 1*

0 — 2 000 kilomètres

0 — 2 000 milles

L'AMÉRIQUE DU SUD a une population qui vit surtout près des côtes et dans le nord des Andes. La population de nombreuses villes de l'Amérique du Sud a augmenté de manière considérable parce que les gens ont quitté la campagne pour s'installer en ville, espérant y trouver du travail.

Le savais-tu?

◈ Aujourd'hui, 90 % de la population mondiale occupe seulement 10 % de la planète.

◈ Monaco, en Europe, est le pays dont la population est la plus dense : chaque kilomètre carré compte 16 000 habitants.

L'espérance de vie

Le nombre d'années pendant lesquelles une personne vivra probablement est son « espérance de vie ». Les habitants de tous les pays n'ont pas tous la même espérance de vie. Dans les pays où il manque de la nourriture ou de l'eau potable, les gens n'atteignent pas un âge avancé. Le Swaziland connaît un taux élevé de VIH/sida, et l'espérance de vie y est de 32 ans. Le Japon est l'un des pays les plus riches du monde, et l'espérance de vie de ses habitants, 82 ans, est parmi les plus élevées. Le pays où l'espérance de vie est la plus élevée est l'Andorre. Les gens qui y habitent peuvent atteindre l'âge de 83 ans.

Drapeaux et information

Tous les pays du monde ont un drapeau national. Le drapeau est un symbole coloré des habitants et du gouvernement d'un pays. La population de chaque pays change tous les jours. La population de la plupart des pays augmente, mais certaines populations diminuent à cause des guerres, de catastrophes naturelles ou de situations politiques. Voici une liste de tous les continents et pays. À côté du nom de chaque pays, vous trouverez son drapeau, et en dessous, sa capitale et sa population.

AMÉRIQUE DU NORD

Canada p. 20

Canada
Capitale Ottawa
Population 33 390 141

É.-U. p. 22

États-Unis d'Amérique
Capitale Washington DC
Population 301 139 947

Amérique centrale et Antilles p. 24

Antigua-et-Barbuda
Capitale St John's
Population 69 481

Bahamas
Capitale Nassau
Population 305 655

Barbade
Capitale Bridgetown
Population 280 946

Belize
Capitale Belmopan
Population 294 385

Costa Rica
Capitale San Jose
Population 4 133 884

Cuba
Capitale La Havane
Population 11 394 043

Dominique
Capitale Roseau
Population 72 386

République dominicaine
Capitale Saint-Domingue
Population 9 365 818

El Salvador
Capitale San Salvador
Population 6 948 073

Grenade
Capitale Saint-Georges
Population 89 971

Guatemala
Capitale Guatemala
Population 12 728 111

Haïti
Capitale Port-au-Prince
Population 8 706 497

Honduras
Capitale Tegucigalpa
Population 7 483 763

Jamaïque
Capitale Kingston
Population 2 780 132

Mexique
Capitale Mexico
Population 108 700 891

Nicaragua
Capitale Managua
Population 5 675 356

Panamá
Capitale Panamá
Population 3 242 173

Sainte-Lucie
Capitale Castries
Population 170 649

Saint-Kitts-et-Nevis
Capitale Basseterre
Population 39 349

Saint-Vincent-et-les-Grenadines
Capitale Kingstown
Population 118 149

Trinité-et-Tobago
Capitale Port-of-Spain
Population 1 056 608

AMÉRIQUE DU SUD

Amérique du Sud p. 26

Argentine
Capitale Buenos Aires
Population 40 301 927

Bolivie
Capitales La Paz et Sucre
Population 9 119 152

Brésil
Capitale Brasilia
Population 190 010 647

Chili
Capitale Santiago
Population 16 284 741

Colombie
Capitale Bogota
Population 44 379 598

Équateur
Capitale Quito
Population 13 755 680

Guyana
Capitale Georgetown
Population 769 095

Paraguay
Capitale Asunción
Population 6 669 086

Pérou
Capitale Lima
Population 28 674 757

Suriname
Capitale Paramaribo
Population 470 784

Uruguay
Capitale Montevideo
Population 3 460 607

Venezuela
Capitale Caracas
Population 26 023 528

AFRIQUE

Nord de l'Afrique p. 28

Algérie
Capitale Alger
Population 33 333 216

Bénin
Capitale Porto-Novo
Population 8 078 314

Burkina Faso
Capitale Ouagadougou
Population 14 326 203

Cameroun
Capitale Yaoundé
Population 18 060 382

Cap-Vert
Capitale Praia
Population 423 613

République centrafricaine
Capitale Bangui
Population 4 369 038

Tchad
Capitale N'Djamena
Population 9 885 661

Djibouti
Capitale Djibouti
Population 496 374

Égypte
Capitale Le Caire
Population 80 335 036

Érythrée
Capitale Asmara
Population 4 906 585

Éthiopie
Capitale Addis-Abéba
Population 76 511 887

Gambie
Capitale Banjul
Population 1 688 359

Ghana
Capitale Accra
Population 22 931 299

Guinée
Capitale Conakry
Population 9 947 814

Guinée-Bissau
Capitale Bissau
Population 1 472 780

Côte d'Ivoire
Capitale Yamoussoukro
Population 18 013 409

Libéria
Capitale Monrovia
Population 3 195 931

Libye
Capitale Tripoli
Population 6 036 914

Mali
Capitale Bamako
Population 11 995 402

Mauritanie
Capitale Nouakchott
Population 3 270 065

Maroc
Capitale Rabat
Population 33 757 175

Niger
Capitale Niamey
Population 12 894 865

Nigéria
Capitale Abuja
Population 135 031 164

Sénégal
Capitale Dakar
Population 12 521 851

Sierra Leone
Capitale Freetown
Population 6 144 562

Somalie
Capitale Mogadiscio
Population 9 118 773

Soudan
Capitale Khartoum
Population 39 379 358

Togo
Capitale Lomé
Population 5 701 579

Tunisie
Capitale Tunis
Population 10 276 158

Sahara occidental
Capitale Laayoune
Population 382 617

Sud de l'Afrique p. 30

Angola
Capitale Luanda
Population 12 263 596

Botswana
Capitale Gaborone
Population 1 815 508

Burundi
Capitale Bujumbura
Population 8 390 505

Comores
Capitale Moroni
Population 711 417

Congo
Capitale Brazzaville
Population 3 800 610

République démocratique du Congo
Capitale Kinshasa
Population 65 751 512

Guinée équatoriale
Capitale Malabo
Population 551 201

Gabon
Capitale Libreville
Population 1 454 867

Kenya
Capitale Nairobi
Population 36 913 721

Lesotho
Capitale Maseru
Population 2 125 262

Madagascar
Capitale Antananarivo
Population 19 448 815

Malawi
Capitale Lilongwe
Population 13 603 181

Maurice
Capitale Port-Louis
Population 1 250 882

Mozambique
Capitale Maputo
Population 20 905 585

Namibie
Capitale Windhoek
Population 2 055 080

Rwanda
Capitale Kigali
Population 9 907 509

Sao Tomé-et-Principe
Capitale Sao Tomé
Population 199 579

Seychelles
Capitale Victoria
Population 81 895

Afrique du Sud
Capitales Bloemfontein Le Cap et Tshwane (Pretoria)
Population 43 997 828

Swaziland
Capitale Mbabane
Population 1 133 066

Tanzanie
Capitale Dodoma
Population 39 384 223

Ouganda
Capitale Kampala
Population 30 262 610

Zambie
Capitale Lusaka
Population 11 477 447

Zimbabwe
Capitale Harare
Population 12 311 143

EUROPE

Europe du Nord p. 32

Danemark
Capitale Copenhague
Population 5 468 120

Estonie
Capitale Tallinn
Population 1 315 912

Finlande
Capitale Helsinki
Population 5 238 460

Islande
Capitale Reykjavik
Population 301 931

Lettonie
Capitale Riga
Population 2 259 810

Lituanie
Capitale Vilnius
Population 3 575 439

Norvège
Capitale Oslo
Population 4 627 926

Suède
Capitale Stockholm
Population 9 031 088

Europe de l'Ouest p. 34

Andorre
Capitale Andorre-la-Vieille
Population 71 822

Belgique
Capitale Bruxelles
Population 10 392 226

France
Capitale Paris
Population 63 713 926

Irlande
Capitale Dublin
Population 4 109 086

Luxembourg
Capitale Luxembourg
Population 480 222

Monaco
Capitale Monaco
Population 32 671

Pays-Bas
Capitales Amsterdam et La Haye
Population 16 570 613

Portugal
Capitale Lisbonne
Population 10 642 836

Espagne
Capitale Madrid
Population 40 448 191

Royaume-Uni
Capitale Londres
Population 60 776 238

Europe centrale p. 36

Autriche
Capitale Vienne
Population 8 199 783

République tchèque
Capitale Prague
Population 10 228 744

Allemagne
Capitale Berlin
Population 82 400 996

Italie
Capitale Rome
Population 58 147 733

Liechtenstein
Capitale Vaduz
Population 34 247

Malte
Capitale La Valette
Population 401 880

Pologne
Capitale Varsovie
Population 38 518 241

Saint-Marin
Capitale Saint-Marin
Population 29 615

Slovaquie
Capitale Bratislava
Population 5 447 502

Slovénie
Capitale Ljubljana
Population 2 009 245

Suisse
Capitale Berne
Population 7 554 661

Cité du Vatican
Capitale Cité du Vatican
Population 821

Europe du Sud-Est p. 38

Albanie
Capitale Tirana
Population 3 600 523

Bélarus
Capitale Minsk
Population 9 724 723

Bosnie-Herzégovine
Capitale Sarajevo
Population 4 552 198

Bulgarie
Capitale Sofia
Population 7 322 858

Croatie
Capitale Zagreb
Population 4 493 312

Grèce
Capitale Athènes
Population 10 706 290

Hongrie
Capitale Budapest
Population 9 956 108

Macédoine
Capitale Skopje
Population 2 055 915

Moldovie
Capitale Chisinau
Population 4 320 490

Monténégro
Capitale Podgorica
Population 684 736

Roumanie
Capitale Bucarest
Population 22 276 056

Serbie
Capitale Belgrade
Population 10 150 265

Ukraine
Capitale Kiev
Population 46 299 862

Fédération de Russie p. 40

Russie
Capitale Moscou
Population 141 377 752

ASIE

Asie du Sud-Ouest p. 42

Arménie
Capitale Erevan
Population 2 971 650

Azerbaïdjan
Capitale Bakou
Population 8 120 247

Bahreïn
Capitale Manama
Population 708 573

Chypre
Capitale Nicosie
Population 788 457

Géorgie
Capitale T'bilisi
Population 4 646 003

Iran
Capitale Téhéran
Population 65 397 521

Irak
Capitale Baghdad
Population 27 499 638

Israël
Capitale Jérusalem
Population 6 426 679

Jordanie
Capitale Amman
Population 6 053 193

Koweït
Capitale Koweït
Population 2 505 559

Liban
Capitale Beyrouth
Population 3 925 502

Oman
Capitale Mascate
Population 3 204 897

Qatar
Capitale Doha
Population 907 229

Arabie Saoudite
Capitale Riyad
Population 27 601 038

Syrie
Capitale Damas
Population 19 314 747

Turquie
Capitale Ankara
Population 71 158 647

Émirats arabes unis
Capitale Abou Dhabi
Population 4 444 011

Yémen
Capitale Sanaa
Population 22 230 531

Asie centrale p. 44

Afghanistan
Capitale Kaboul
Population 31 889 923

Kazakhstan
Capitale Astana
Population 15 284 929

Kirghizistan
Capitale Bishkek
Population 5 284 149

Tajikistan
Capitale Douchanbe
Population 7 076 598

Turkménistan
Capitale Achgabat
Population 5 097 028

Ouzbékistan
Capitale Tachkent
Population 27 780 059

Asie du Sud p. 46

Bangladesh
Capitale Dhaka
Population 150 448 339

Bhoutan
Capitale Thimphou
Population 2 327 849

Inde
Capitale Delhi
Population 1 129 866 154

Maldives
Capitale Malé
Population 369 031

Népal
Capitale Kathmandou
Population 28 901 790

Pakistan
Capitale Islamabad
Population 164 741 924

Sri Lanka
Capitale Colombo
Population 20 926 315

Asie de l'Est p. 48

Chine
Capitale Beijing
Population 1 321 851 888

Japon
Capitale Tokyo
Population 127 433 494

Mongolie
Capitale Oulan-Bator
Population 2 951 786

Corée du Nord
Capitale Pyongyang
Population 23 301 725

Corée du Sud
Capitale Séoul
Population 49 044 790

Taïwan
Capitale Taipei
Population 22 858 872

Asie du Sud-Est p. 50

Brunei
Capitale Bandar Seri Begawan
Population 374 577

Birmanie
Capitale Naypyidaw
Population 47 373 958

Cambodge
Capitale Phnom Penh
Population 13 995 904

Timor oriental
Capitale Dili
Population 1 084 971

Indonésie
Capitale Jakarta
Population 234 693 997

Laos
Capitale Vientiane
Population 6 521 998

Malaisie
Capitale Kuala Lumpur
Population 24 821 286

Philippines
Capitale Manille
Population 91 077 287

Singapour
Capitale Singapour
Population 4 553 009

Thaïlande
Capitale Bangkok
Population 65 068 149

Vietnam
Capitale Hanoï
Population 85 262 356

OCÉANIE

Australie p. 52

Australie
Capitale Canberra
Population 20 434 176

Îles du Pacifique p. 54

Fidji
Capitale Suva
Population 918 675

Kiribati
Capitale Bairiki
Population 107 817

Îles Marshall
Capitale Majuro
Population 61 815

Micronésie
Capitale Palikir
Population 107 862

Nauru
Capitale aucune capitale officielle
Population 13 528

Palau
Capitale Oreor
Population 20 842

Papouasie-Nouvelle-Guinée
Capitale Port Moresby
Population 5 795 887

Samoa
Capitale Apia
Population 214 265

Îles Salomon
Capitale Honiara
Population 566 842

Tonga
Capitale Nukualofa
Population 116 921

Tuvalu
Capitale Fongafale
Population 11 992

Vanuatu
Capitale Port-Vila
Population 211 971

Nouvelle-Zélande p. 56

Nouvelle-Zélande
Capitale Wellington
Population 4 115 771

ANTARCTIQUE p. 59

Le continent de l'Antarctique n'est pas comme les autres. Il n'est pas divisé en pays, et personne n'y habite pendant toute l'année parce qu'il y fait trop froid.

Canada

AMÉRIQUE DU NORD

Pays

Canada

Le Canada est le deuxième pays parmi les plus grands du monde (après la Russie) et il fait partie de l'Amérique du Nord. Dans le sud du Canada, il y a de grandes plaines où poussent du blé et d'autres cultures. Plus au nord, on trouve des forêts de conifères épaisses et de nombreux lacs et rivières. Près du cercle arctique, au nord, se trouve une immense toundra, qui devient marécageuse pendant l'été. À l'intérieur du cercle arctique, le sol est toujours gelé. La plupart des 33 millions d'habitants du Canada habitent au sud, à moins de 160 km de la frontière des États-Unis. Le climat y est plus doux, et les déplacements plus faciles. La plupart des habitants du Canada sont des descendants des Européens qui se sont installés à cet endroit à partir du XVIe siècle. Il y a aussi les membres des Premières nations. Le sol du Canada est riche en minéraux et en combustibles fossiles, et les mines constituent une industrie importante. Parmi les autres industries du Canada, notons la pêche, l'agriculture et l'industrie de la machinerie, l'industrie automobile, le bois d'œuvre et la fabrication de papier.

La feuille d'érable est le symbole national du Canada.

OCÉAN ARCTIQUE
Îles
Mer de Beaufort
Île Banks
Île de Victoria
ÉTATS-UNIS D'AMÉRIQUE (Alaska)
Cercle arctique
Yukon
MONTS MACKENZIE
YUKON
Mont Logan 5 959 m
Whitehorse
Mackenzie
Grand lac de l'Ours
TERRITOIRES DU NORD-OUEST
Yellowknife
Grand lac des Esclaves
OCÉAN PACIFIQUE
MONTAGNES ROCHEUSES
Rivière de la Paix
Lac Athabasca
BOUCLIER
C A
ALBERTA
GRANDES PLAINES
Îles de la Reine-Charlotte
COLOMBIE-BRITANNIQUE
Prince George
Athabasca
Lac Reindeer
SASKATCHEWAN
Edmonton
Fraser
Red Deer
Saskatchewan
Île de Vancouver
Kamloops
Vancouver
Nanaimo
Victoria
Kelowna
Calgary
Saskatoon
Lethbridge
Medicine Hat
Regina
ÉTATS-UNIS D'A
0 250 500 kilomètres
0 250 500 mil

Des lacs et des forêts

Il y a des milliers de lacs et de rivières d'eau douce au Canada, et près de la moitié du pays est recouverte de forêts. Les produits du bois, particulièrement la pâte de bois et le papier, représentent une part importante du commerce d'exportation du Canada.

Le castor

Le castor est le plus grand rongeur d'Amérique du Nord; il peut mesurer 1,35 m du museau jusqu'au bout de la queue. Les castors construisent des barrages qui bloquent les rivières et créent des lacs où les prédateurs, comme les loups et les ours, ne peuvent pas les atteindre. Leurs barrages sont faits de billots, de branches et de boue. Les castors construisent ensuite dans ces lacs des abris qui s'appellent des huttes.

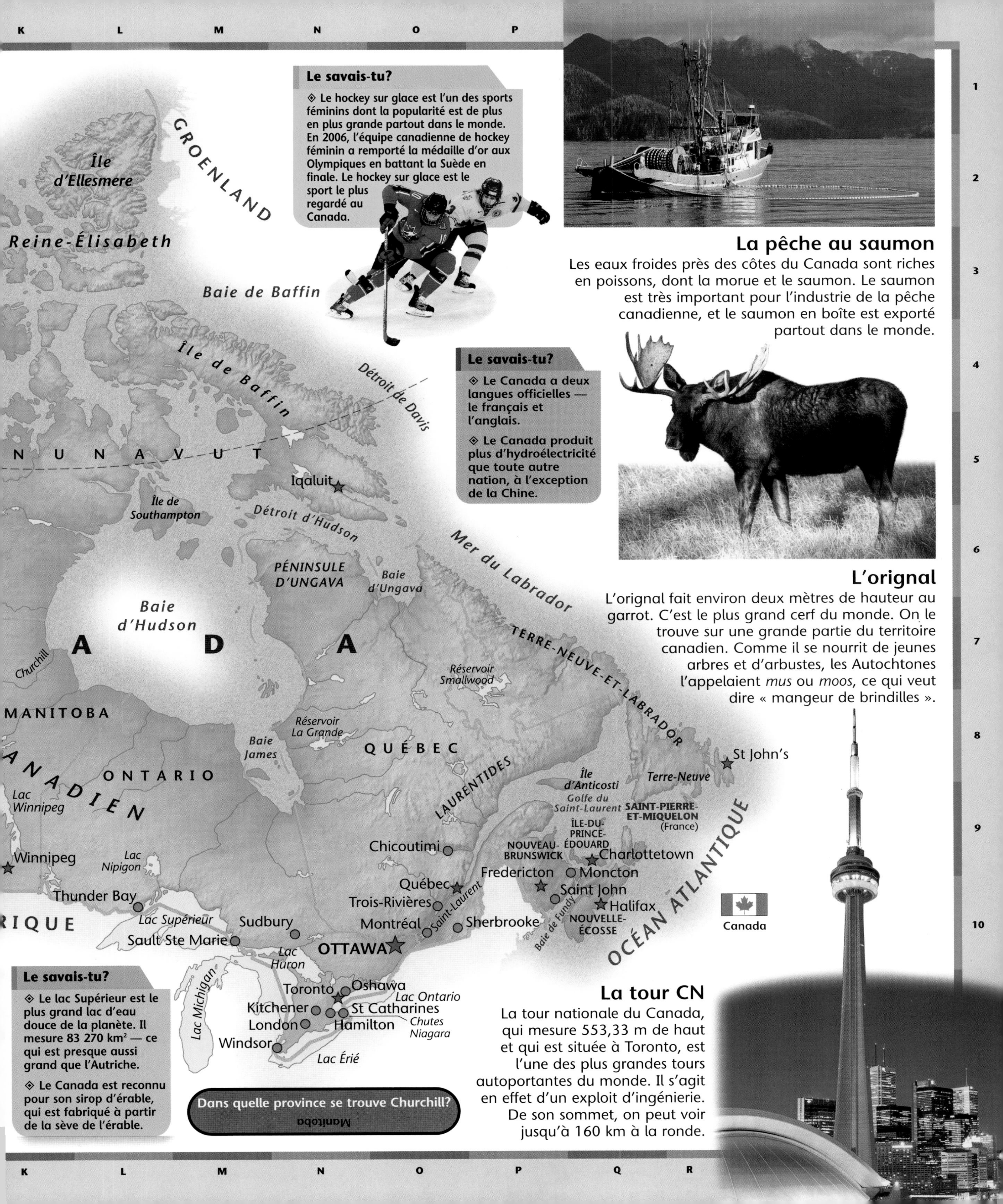

Le savais-tu?

◈ Le hockey sur glace est l'un des sports féminins dont la popularité est de plus en plus grande partout dans le monde. En 2006, l'équipe canadienne de hockey féminin a remporté la médaille d'or aux Olympiques en battant la Suède en finale. Le hockey sur glace est le sport le plus regardé au Canada.

La pêche au saumon

Les eaux froides près des côtes du Canada sont riches en poissons, dont la morue et le saumon. Le saumon est très important pour l'industrie de la pêche canadienne, et le saumon en boîte est exporté partout dans le monde.

Le savais-tu?

◈ Le Canada a deux langues officielles — le français et l'anglais.

◈ Le Canada produit plus d'hydroélectricité que toute autre nation, à l'exception de la Chine.

L'orignal

L'orignal fait environ deux mètres de hauteur au garrot. C'est le plus grand cerf du monde. On le trouve sur une grande partie du territoire canadien. Comme il se nourrit de jeunes arbres et d'arbustes, les Autochtones l'appelaient *mus* ou *moos*, ce qui veut dire « mangeur de brindilles ».

Le savais-tu?

◈ Le lac Supérieur est le plus grand lac d'eau douce de la planète. Il mesure 83 270 km² — ce qui est presque aussi grand que l'Autriche.

◈ Le Canada est reconnu pour son sirop d'érable, qui est fabriqué à partir de la sève de l'érable.

Dans quelle province se trouve Churchill?

Manitoba

La tour CN

La tour nationale du Canada, qui mesure 553,33 m de haut et qui est située à Toronto, est l'une des plus grandes tours autoportantes du monde. Il s'agit en effet d'un exploit d'ingénierie. De son sommet, on peut voir jusqu'à 160 km à la ronde.

États-Unis d'Amérique

AMÉRIQUE DU NORD

Pays

États-Unis d'Amérique

Les États-Unis (É.-U.) couvrent une région presque aussi grande que l'Europe. Leur territoire comprend l'État de l'Alaska, qui se trouve à la limite nord-ouest du Canada, et l'État de Hawaii, dans l'océan Pacifique. Le relief et le climat des États-Unis varient énormément d'un bout à l'autre du pays. Il y a des déserts, des montagnes, des prairies et des marécages. En Alaska, il y a toujours de la neige, et la température est parfois inférieure à -30 °C pendant l'hiver. Dans le sud-est, la température descend rarement en dessous de 10 °C. La population, qui dépasse les 301 millions d'habitants, est constituée de descendants d'immigrants venus de partout dans le monde, mais surtout d'Europe. Il y a également 2,4 millions d'Amérindiens. Les États-Unis sont parmi les nations les plus riches du monde. Au Texas et en Oklahoma, il y a d'immenses champs de pétrole et de gaz, et au Montana et au Wyoming, on exploite des mines. La Californie, quant à elle, est un centre important de l'industrie informatique. Par ailleurs, certains des meilleurs vins du monde sont produits en Californie.

C'est à Detroit qu'est née l'industrie automobile américaine. Henry Ford y a construit son premier véhicule en 1896.

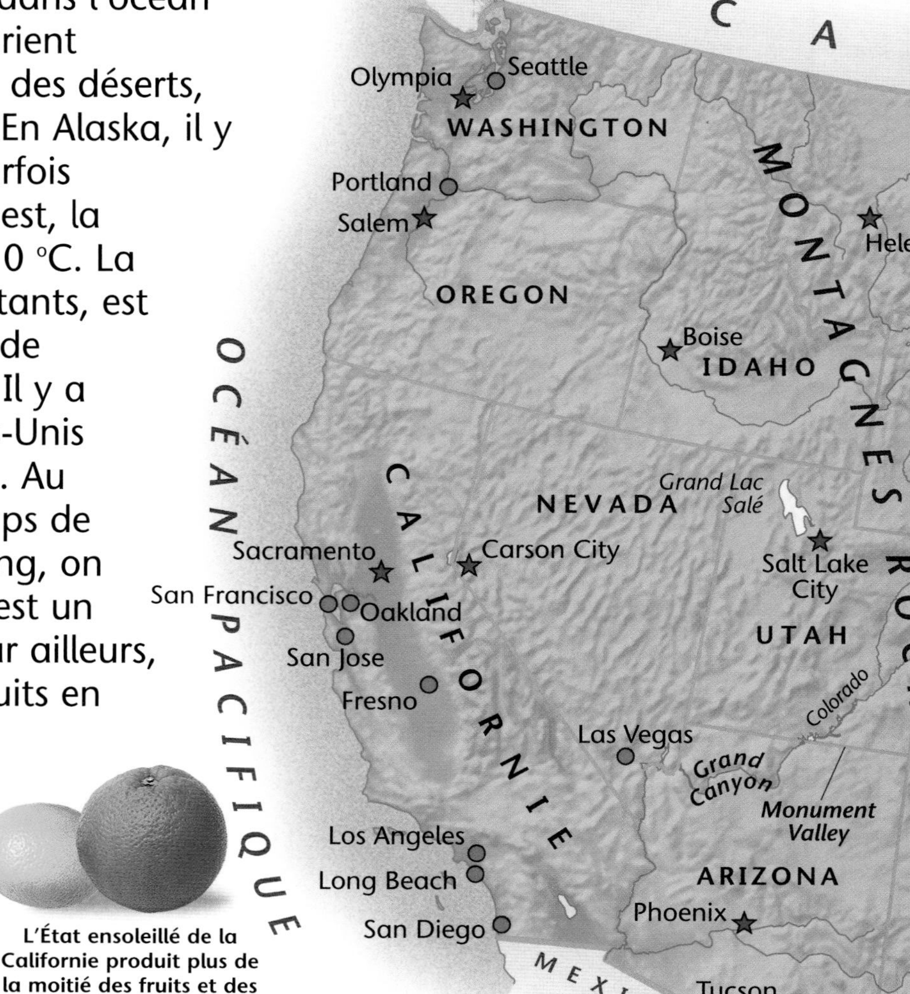

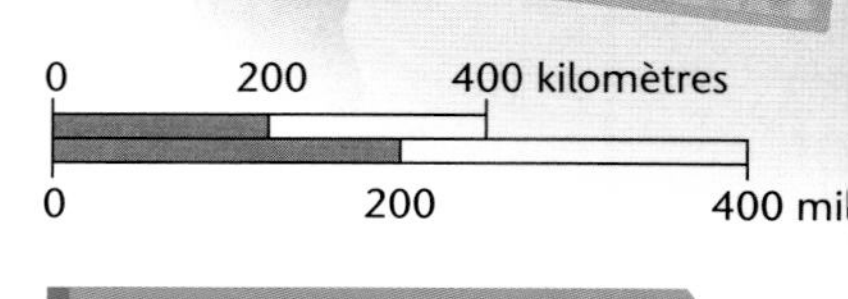

Monument Valley

Les grandes « buttes » de Monument Valley, à la frontière de l'Utah et de l'Arizona, ont été formées par des rivières, la pluie et le vent, qui, pendant des millions d'années, ont érodé la roche tendre qui les entourait. La couleur rouge s'explique par l'oxyde de fer qui se trouve dans le sol et que l'on appelle également la rouille.

L'État ensoleillé de la Californie produit plus de la moitié des fruits et des légumes des États-Unis.

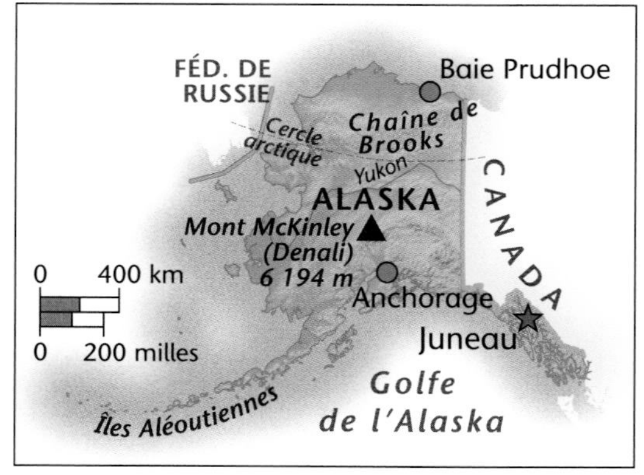

Le savais-tu?

◈ Le plus grand champ pétrolier aux États-Unis est situé à Prudhoe Bay, en Alaska. Cependant, le sol à cet endroit est gelé pendant presque toute l'année, ce qui rend le forage difficile.

◈ Les 16 plus hautes montagnes des États-Unis se trouvent toutes en Alaska.

Le savais-tu?

◈ Le Grand Canyon, en Arizona, est l'une des merveilles naturelles du monde. À certains endroits, il atteint 1 800 m de profondeur. C'est le fleuve Colorado qui le creuse depuis des millions d'années.

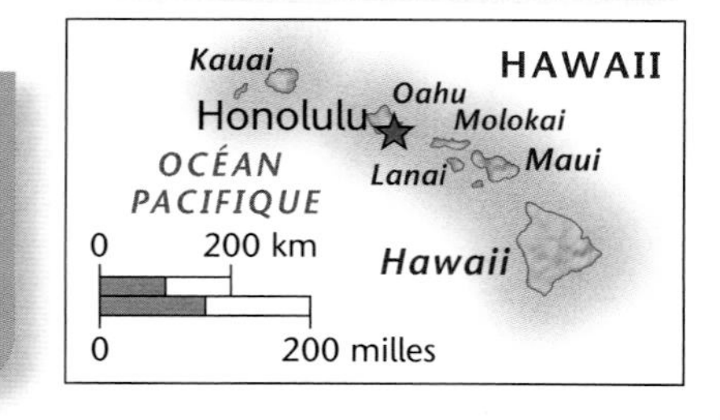

Le savais-tu?

◈ La frontière entre les États-Unis et le Canada est la plus longue frontière du monde. Elle mesure 8 893 km, si l'on compte la frontière avec l'Alaska.

◈ Les États-Unis d'Amérique sont les plus grands producteurs de maïs au monde. La plus grande partie du maïs est cultivée dans la région des Grandes Plaines.

Le quartier de Manhattan, à New York, est l'un des plus importants centres financiers et culturels du monde. Manhattan est célèbre pour ses gratte-ciel d'une hauteur impressionnante.

Le pygargue à tête blanche

Ce grand oiseau de proie est l'oiseau national des États-Unis, et il vit sur une grande partie des territoires américain et canadien. Son envergure, c'est-à-dire l'étendue de ses ailes déployées, peut atteindre 2,4 m. Ces oiseaux étaient, jusqu'à récemment, menacés d'extinction, mais ils sont maintenant protégés. Il y en a plus de 70 000 et leur nombre est en augmentation.

Il y a 50 étoiles sur le drapeau des États-Unis – une pour chaque État.

Le grizzly

Jadis, on trouvait des grizzlys dans toute la moitié occidentale de l'Amérique du Nord. Aujourd'hui le territoire des grizzlys a considérablement rétréci. Il n'en reste plus que dans le nord-ouest de l'Amérique du Nord. Les grizzlys sont maintenant protégés par la loi.

Le programme spatial

Les États-Unis ont l'un des programmes de vol spatial humain les plus avancés du monde. Les installations se trouvent à Houston, au Texas. Le site de lancement le plus célèbre se trouve au Centre spatial Kennedy, près d'Orlando Gander, en Floride.

Peux-tu trouver une des merveilles naturelles du monde?

Grand Canyon en Arizona

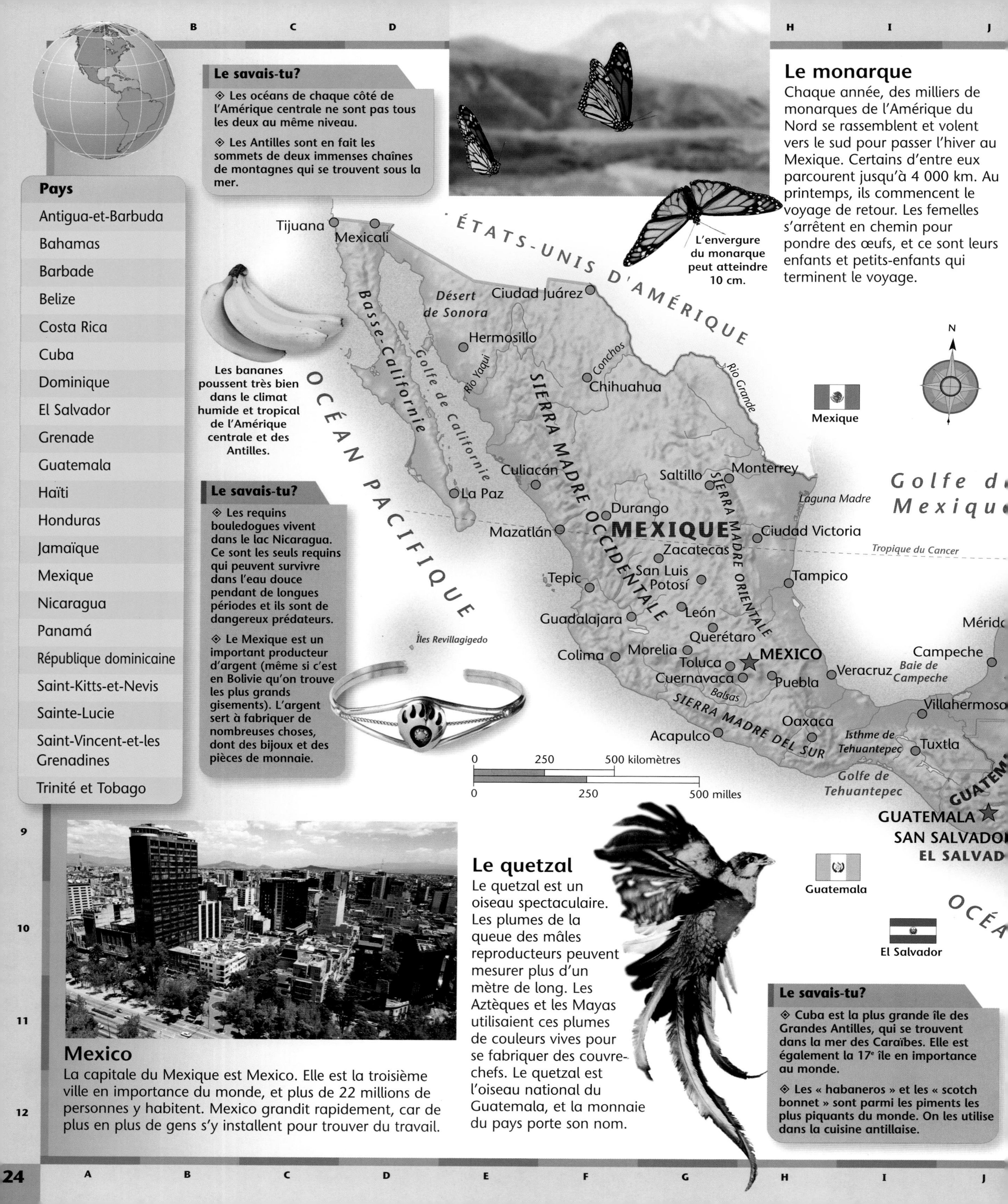

Le savais-tu?

◈ Les océans de chaque côté de l'Amérique centrale ne sont pas tous les deux au même niveau.

◈ Les Antilles sont en fait les sommets de deux immenses chaînes de montagnes qui se trouvent sous la mer.

Pays

- Antigua-et-Barbuda
- Bahamas
- Barbade
- Belize
- Costa Rica
- Cuba
- Dominique
- El Salvador
- Grenade
- Guatemala
- Haïti
- Honduras
- Jamaïque
- Mexique
- Nicaragua
- Panamá
- République dominicaine
- Saint-Kitts-et-Nevis
- Sainte-Lucie
- Saint-Vincent-et-les Grenadines
- Trinité et Tobago

Les bananes poussent très bien dans le climat humide et tropical de l'Amérique centrale et des Antilles.

Le savais-tu?

◈ Les requins bouledogues vivent dans le lac Nicaragua. Ce sont les seuls requins qui peuvent survivre dans l'eau douce pendant de longues périodes et ils sont de dangereux prédateurs.

◈ Le Mexique est un important producteur d'argent (même si c'est en Bolivie qu'on trouve les plus grands gisements). L'argent sert à fabriquer de nombreuses choses, dont des bijoux et des pièces de monnaie.

L'envergure du monarque peut atteindre 10 cm.

Le monarque

Chaque année, des milliers de monarques de l'Amérique du Nord se rassemblent et volent vers le sud pour passer l'hiver au Mexique. Certains d'entre eux parcourent jusqu'à 4 000 km. Au printemps, ils commencent le voyage de retour. Les femelles s'arrêtent en chemin pour pondre des œufs, et ce sont leurs enfants et petits-enfants qui terminent le voyage.

Mexico

La capitale du Mexique est Mexico. Elle est la troisième ville en importance du monde, et plus de 22 millions de personnes y habitent. Mexico grandit rapidement, car de plus en plus de gens s'y installent pour trouver du travail.

Le quetzal

Le quetzal est un oiseau spectaculaire. Les plumes de la queue des mâles reproducteurs peuvent mesurer plus d'un mètre de long. Les Aztèques et les Mayas utilisaient ces plumes de couleurs vives pour se fabriquer des couvre-chefs. Le quetzal est l'oiseau national du Guatemala, et la monnaie du pays porte son nom.

Le savais-tu?

◈ Cuba est la plus grande île des Grandes Antilles, qui se trouvent dans la mer des Caraïbes. Elle est également la 17e île en importance au monde.

◈ Les « habaneros » et les « scotch bonnet » sont parmi les piments les plus piquants du monde. On les utilise dans la cuisine antillaise.

Amérique centrale et Antilles

AMÉRIQUE DU NORD

Les continents de l'Amérique du Nord et de l'Amérique du Sud sont reliés par un morceau de terre étroit qu'on appelle l'Amérique centrale. À l'est, on trouve les Grandes Antilles et les Petites Antilles, entourées par la mer des Caraïbes. Tout le long de l'Amérique centrale, il y a des montagnes et des volcans. Au nord, il y a des déserts chauds et secs, et, au sud, des forêts tropicales humides. Les Antilles au climat tropical comptent également des forêts humides. La plupart des habitants de cette région sont des descendants d'Africains, d'Asiatiques et d'Européens. En Amérique centrale, la pêche et la culture du café et des fruits sont des industries importantes. Cependant le Mexique tire la majeure partie de son revenu du pétrole et du gaz. La culture de la canne à sucre et le tourisme constituent aussi d'importantes industries dans les Antilles.

Les Antilles

Saint-Lucie, Antigua et les autres îles des Antilles sont des destinations populaires pour les vacances. De nombreux touristes sont attirés par la mer chaude et cristalline, les plages sablonneuses et le climat tropical.

Peux-tu trouver le canal qui relie les océans Atlantique et Pacifique?

Canal de Panamá

Le canal de Panamá

Les océans Pacifique et Atlantique sont reliés par le canal de Panamá. Cette voie navigable mesure environ 80 km de long. En empruntant ce canal, un bateau qui part de l'une des côtes de l'Amérique du Nord pour se rendre de l'autre côté du continent évite de passer par le cap Horn, en Amérique du Sud, et raccourcit ainsi son voyage d'environ 15 000 km.

Amérique du Sud

AMÉRIQUE DU SUD

Pays
Argentine
Bolivie
Brésil
Chili
Colombie
Équateur
Guyana
Paraguay
Pérou
Suriname
Uruguay
Venezuela

La forêt amazonienne et la cordillère des Andes font partie du continent appelé Amérique du Sud. Le fleuve Amazone mesure environ 6 500 kilomètres de long. C'est le plus grand cours d'eau de l'Amérique du Sud. Le climat sur ce continent varie de tropical, au nord, à extrêmement froid, au sud — la pointe de l'Amérique du Sud est à seulement 1 000 kilomètres de l'Antarctique. Au centre du continent, le climat est moins extrême. Il y a de grandes prairies ouvertes qu'on appelle les pampas, où l'on élève le bétail et cultive des céréales. Le nord de l'Amérique du Sud, particulièrement le Venezuela, est riche en pétrole et en gaz. Plus au sud, il y a des gisements de cuivre et de fer. La culture du café est la culture la plus importante en Amérique du Sud, et le Brésil est le plus grand producteur de café au monde. Les cultures de cacao, de canne à sucre et de bananes sont également très importantes. La plupart des habitants de l'Amérique du Sud sont les descendants d'Européens, d'Amérindiens ou d'Africains.

Le Salto del Angel

La plus haute chute du monde est le Salto del Angel, au Venezuela. Elle fait presque un kilomètre de haut — 19 fois la hauteur des chutes Niagara, qui se trouvent à la frontière des États-Unis et du Canada.

Le savais-tu?

- La Bolivie a deux capitales — La Paz et Sucre. La Paz est située à 3 600 m au-dessus du niveau de la mer, ce qui fait d'elle la capitale la plus élevée du monde.
- L'Équateur exporte plus de bananes que tout autre pays au monde.
- La forêt amazonienne fait plus de la moitié de la taille des États-Unis d'Amérique.
- Les graminées qui poussent dans les pampas peuvent atteindre trois mètres de haut. Leurs feuilles sont longues, étroites et pointues, et se terminent par de grandes fleurs touffues.

Le Carnaval

Chaque année, juste avant le carême, c'est l'époque du « Carnaval » à Rio de Janeiro, au Brésil. Pendant cinq jours, les gens se déguisent, dansent et défilent dans les rues au rythme de la samba. Il y a un concours pour le costume le plus extravagant et le char allégorique le mieux décoré.

Un grand nombre des légumes les plus connus dans le monde, comme les tomates, les pommes de terre, les haricots et le maïs, sont originaires de l'Amérique du Sud.

La forêt amazonienne

La forêt amazonienne est la plus grande forêt tropicale de la planète. De nombreux scientifiques croient que plus du tiers des espèces animales et végétales du monde y vivent. Au Brésil, environ 1,5 kilomètre carré de forêt disparaît toutes les heures — des arbres sont abattus pour leur bois ou pour faire place à l'agriculture. Si rien n'est fait, la forêt tropicale finira par disparaître complètement. Des centaines de milliers d'espèces animales et végétales disparaîtront à jamais.

Le jaguar

Pour sa taille, le jaguar est l'un des mammifères les plus forts du monde. Ce grand félin peut tuer une proie qui fait plus de trois fois son poids. Il sait très bien grimper, ramper et nager, ce qui est très utile dans son habitat, la forêt tropicale.

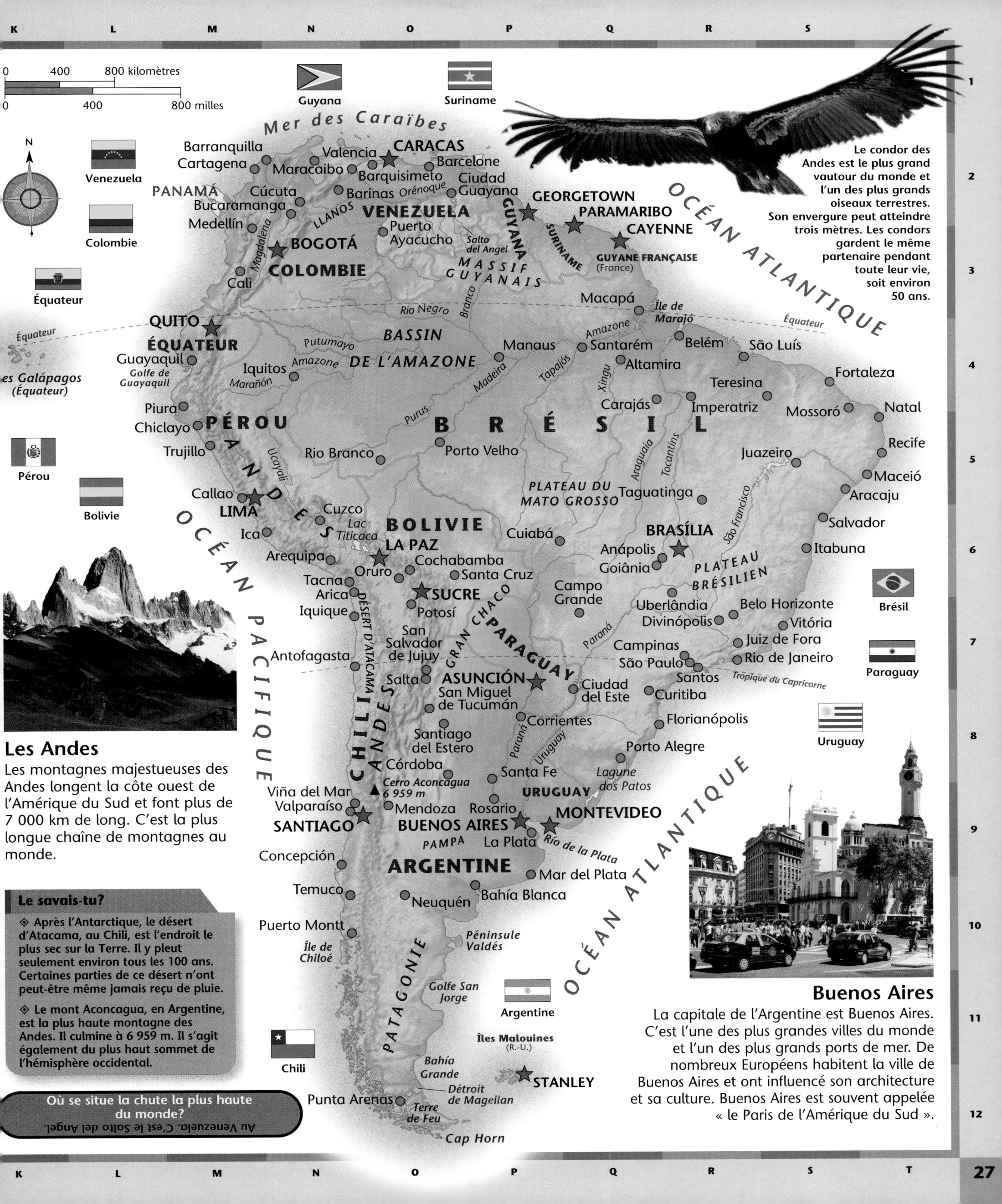

Le condor des Andes est le plus grand vautour du monde et l'un des plus grands oiseaux terrestres. Son envergure peut atteindre trois mètres. Les condors gardent le même partenaire pendant toute leur vie, soit environ 50 ans.

Les Andes

Les montagnes majestueuses des Andes longent la côte ouest de l'Amérique du Sud et font plus de 7 000 km de long. C'est la plus longue chaîne de montagnes au monde.

Le savais-tu?

◈ Après l'Antarctique, le désert d'Atacama, au Chili, est l'endroit le plus sec sur la Terre. Il y pleut seulement environ tous les 100 ans. Certaines parties de ce désert n'ont peut-être même jamais reçu de pluie.

◈ Le mont Aconcagua, en Argentine, est la plus haute montagne des Andes. Il culmine à 6 959 m. Il s'agit également du plus haut sommet de l'hémisphère occidental.

Où se situe la chute la plus haute du monde?

Au Venezuela. C'est le Salto del Angel.

Buenos Aires

La capitale de l'Argentine est Buenos Aires. C'est l'une des plus grandes villes du monde et l'un des plus grands ports de mer. De nombreux Européens habitent la ville de Buenos Aires et ont influencé son architecture et sa culture. Buenos Aires est souvent appelée « le Paris de l'Amérique du Sud ».

Nord de l'Afrique

AFRIQUE

Le continent africain est le plus grand continent après l'Asie. Une grande partie du nord de l'Afrique est recouverte par le Sahara, qui est le désert le plus chaud de la planète. Très peu de gens y vivent parce que les conditions y sont extrêmement difficiles. La plupart des habitants du nord de l'Afrique vivent près de la côte ou le long du Nil. Dans le nord de cette région, on cultive des dattes, du liège, des raisins et des olives, tandis que les arachides, l'huile de palme et le cacao sont cultivés dans le sud. On fabrique des produits textiles un peu partout, mais surtout dans le nord où l'on tisse également des tapis. En Lybie, il y a de grands gisements de pétrole et de gaz naturel. Le tourisme joue un rôle important dans certains pays comme l'Égypte, la Tunisie et le Maroc.

Pays

- Algérie
- Bénin
- Burkina Faso
- Cameroun
- Cap-Vert
- Côte d'Ivoire
- Djibouti
- Égypte
- Érythrée
- Éthiopie
- Gambie
- Ghana
- Guinée
- Guinée-Bissau
- Libéria
- Libye
- Mali
- Maroc
- Mauritanie
- Niger
- Nigéria
- République centrafricaine
- Sahara occidental
- Sénégal
- Sierra Leone
- Somalie
- Soudan
- Tchad
- Togo
- Tunisie

Le savais-tu?

◈ Des mines d'uranium, de diamants et d'or sont exploitées dans le nord de l'Afrique. Il y a également des réserves de pétrole et de gaz naturel dans cette région.

Le savais-tu?

◈ La moitié des fèves de cacao consommées dans le monde sont cultivées dans le nord de l'Afrique. Cette plante est pourtant originaire de l'Amérique du Sud.

Tunisie
Algérie
Maroc
Sahara occidental
Mauritanie
Mali
Cap-Vert
Sénégal
Gambie
Guinée-Bissau
Guinée
Sierra Leone
Libéria
Côte d'Ivoire
Burkina Faso
Ghana
Togo
Bénin
Nigéria

MER M
ALGER
TUNIS
Tanger
Oran
Constantine
Sfa
RABAT
Casablanca
MAROC
MONTS ATLAS
TUNISI
Marrakech
OCÉAN ATLANTIQUE
ALGÉRIE
LAAYOUNE
SAHARA OCCIDENTAL
Tropique du Cancer
AHAGGAR
S A H
MAURITANIE
NOUAKCHOTT
MALI
NIGER
Sénégal
Niger
Agadez
CAP-VERT
SÉNÉGAL
PRAIA
DAKAR
S A H E L
GAMBIE
NIAMEY
BANJUL
BAMAKO
BISSAU
OUAGADOUGOU
BURKINA FASO
GUINÉE-BISSAU
GUINÉE
NIGÉRIA
CONAKRY
CÔTE D'IVOIRE
GHANA
TOGO
BÉNIN
ABUJA
FREETOWN
YAMOUSSOUKRO
SIERRA LEONE
PORTO NOVO
MONROVIA
Lagos
LIBÉRIA
Abidjan
ACCRA
LOMÉ
Golfe de Guinée
Douala
YAOUND
GUINÉE ÉQUATORIALE

0 400 800 kilomètres
0 400 800 milles

Le fennec

Ce mammifère est bien adapté à la vie dans le désert. Ses grandes oreilles laissent échapper de la chaleur, et sa couleur qui se confond avec celle du sable lui permet de se cacher des prédateurs. Le fennec, qu'on appelle également renard des sables, chasse habituellement pendant la nuit, quand il fait plus frais.

Le savais-tu?

◈ Le Caire est la plus grande ville d'Afrique; c'est la capitale de l'Égypte. Près de 16 millions de personnes habitent dans cette ville ancienne et sa banlieue.

◈ Au Niger, chaque famille compte en moyenne sept enfants.

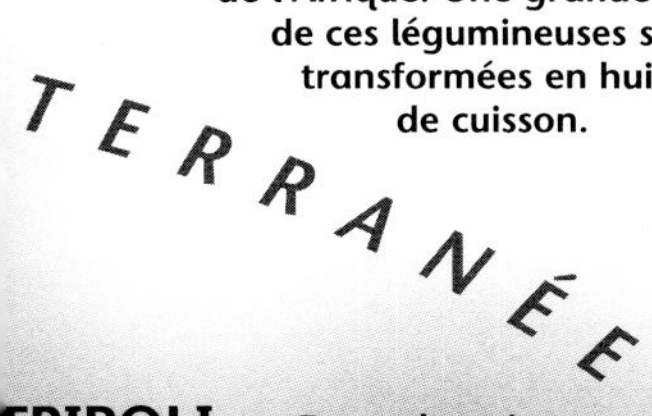

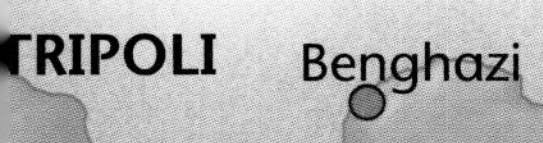

Les arachides sont cultivées le long de la côte sud du nord de l'Afrique. Une grande partie de ces légumineuses sont transformées en huile de cuisson.

Le Sahara

Les vents violents du Sahara soufflent sur le sable qui forme des dunes pouvant atteindre 430 m de hauteur. Le désert s'étend de plus en plus parce que le vent déplace le sable et parce que les humains ont coupé des arbres en bordure du désert pour s'en servir comme combustible et pour faire place à l'agriculture. Dans le sud, les gens sèment des graminées pour empêcher le désert d'avancer encore.

Le savais-tu?

◈ La température dans le Sahara peut descendre en dessous de 0 °C la nuit et atteindre plus de 40 °C le jour. Moins de 25 mm de pluie y tombent en une année.

◈ Le mot « Sahara » veut dire désert en arabe.

Le savais-tu?

◈ L'Égypte produit plus de dattes que tout autre pays au monde. Des archéologues y ont même trouvé des noyaux de dattes datant de plus de 7 000 ans.

Le scorpion

Ces animaux vivent dans tout le nord de l'Afrique et sont parfaitement adaptés à la vie dans le désert. Leur corps dur et plat les protège des températures extrêmes et leur permet de se glisser sous des roches pour échapper à leurs prédateurs et se protéger du soleil brûlant.

Le Nil

Le Nil fait plus de 6 650 km de long; c'est le plus long fleuve du monde. Il coule vers le delta du Nil et se jette dans la Méditerranée. En Égypte, 99 % des gens vivent et travaillent près du delta et le long des rives du fleuve.

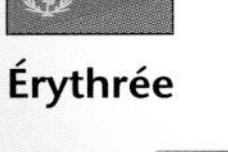

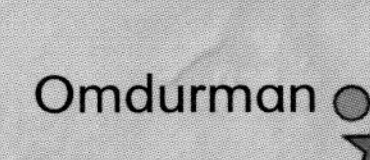

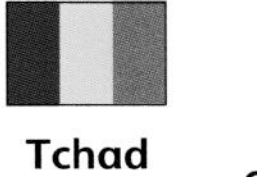

Peux-tu trouver la plus grande ville d'Afrique?

Le Caire

Sud de l'Afrique

AFRIQUE

Le climat du sud de l'Afrique est très varié. Le bassin du Congo est chaud et humide, et on y trouve la deuxième forêt tropicale humide en importance (c'est la forêt amazonienne, en Amérique du Sud, qui est la plus grande). Plus à l'est et au sud, on retrouve des zones boisées sèches qui font ensuite place à la savane, c'est-à-dire à une plaine où poussent de hautes herbes et quelques arbres. C'est dans la savane que vivent la plupart des animaux africains les mieux connus. Plus au sud, il y a le désert du Namib, qui est l'un des endroits les plus chauds et les plus secs de la Terre, et où la température dépasse les 50 °C le jour. Des centaines de tribus vivent dans le sud de l'Afrique, et des centaines de langues y sont parlées. L'un des seuls groupes de chasseurs-cueilleurs qui existent encore, les Bochimans ou les San, habitent dans le désert du Kalahari, au Botswana. Au XIXe siècle, on a trouvé de grands gisements d'or et de diamants en Afrique du Sud, ce qui a permis à ce pays de devenir la plus grande puissance du sud de l'Afrique.

Pays

- Afrique du Sud
- Angola
- Botswana
- Burundi
- Comores
- Congo
- Guinée équatoriale
- Gabon
- Kenya
- Lesotho
- Madagascar
- Malawi
- Maurice
- Mozambique
- Namibie
- Ouganda
- République démocratique du Congo
- Rwanda
- Sao Tomé-et-Principe
- Seychelles
- Swaziland
- Tanzanie
- Zambie
- Zimbabwe

De nombreux produits agricoles, dont les agrumes et les raisins, sont cultivés dans le sud de l'Afrique, principalement pour l'exportation.

Guinée équatoriale

Congo

Sao Tomé-et-Príncipe

Gabon

Angola

Namibie

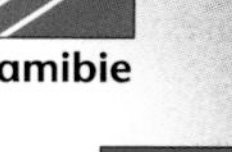

Botswana

Afrique du Sud

MALABO
GUINÉE-ÉQUATORIALE
CAMEROUN
RÉPUBLIQUE C
SAO TOMÉ
SAO TOMÉ-ET-PRÍNCIPE
LIBREVILLE
GABON
Mbandaka
CONGO
RÉP. DÉMO
BRAZZAVILLE
KINSHASA
ANGOLA
LUANDA
OCÉAN ATLANTIQUE
ANGOLA
Huambo
PLATEAU DE BIÉ
Namibe
Lubango
Okavango
NAMIBIE
WINDHOEK
DÉSERT DU NAMIB
DÉSERT KALAHA
Orange
AFRIQ
LE CAP
Cap de Bonne-Espérance

Les chutes Victoria

Ces chutes célèbres se trouvent sur le Zambèze, à la frontière entre la Zambie et le Zimbabwe. Elles font 108 mètres de haut et 1 700 mètres de large. David Livingstone a été le premier Européen à les voir, en 1855. Il les a nommées ainsi en l'honneur de la reine Victoria d'Angleterre. Les peuples locaux appellent ces chutes « la fumée qui gronde » en raison du vacarme et du brouillard qu'elles créent.

Le savais-tu?

◈ Il y a deux espèces d'éléphants en Afrique : l'éléphant de savane et son cousin plus petit, l'éléphant de forêt, qui vit dans les forêts tropicales humides.

◈ La moitié des diamants du monde proviennent des mines du sud de l'Afrique.

Les animaux sauvages africains

L'éléphant, le rhinocéros, le lion, le léopard et le buffle sont connus sous le nom des « cinq grands » et ils attirent des milliers de touristes en Afrique. Ces animaux, considérés comme les cinq animaux les plus dangereux de l'Afrique, se faisaient abattre par les chasseurs sportifs. De nos jours, ce sont plutôt les appareils photo qui sont braqués sur eux! Bien souvent, ces animaux sont en voie de disparition et sont donc protégés par la loi.

Le savais-tu?

◈ Même si de nombreux pays africains cultivent une grande variété de produits agricoles, la plupart des gens se contentent d'un petit nombre de ces produits, comme l'igname et le manioc.

◈ La plupart des animaux des forêts tropicales sont petits et souvent ils ne mangent qu'un seul type de nourriture.

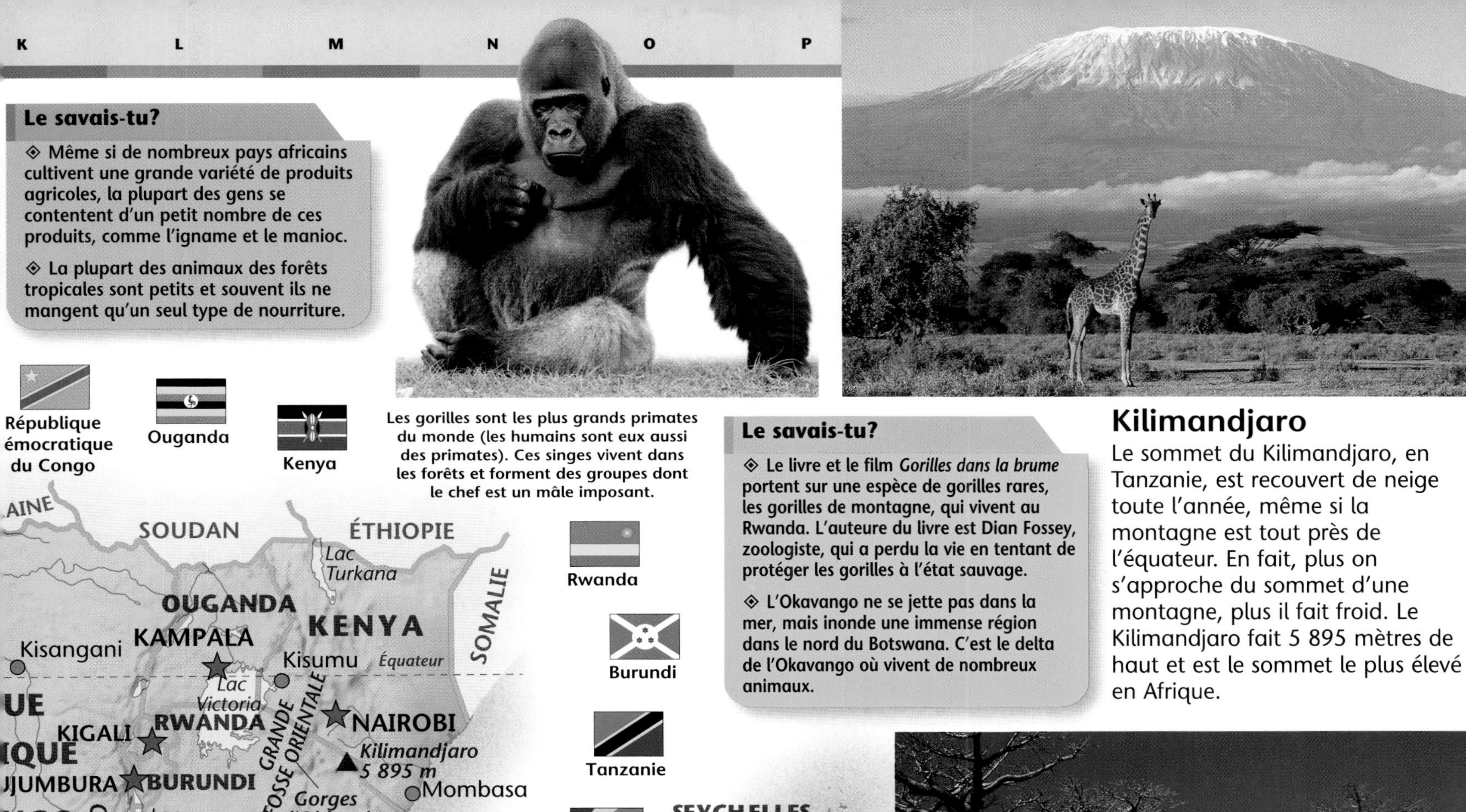

Les gorilles sont les plus grands primates du monde (les humains sont eux aussi des primates). Ces singes vivent dans les forêts et forment des groupes dont le chef est un mâle imposant.

République démocratique du Congo — Ouganda — Kenya — Rwanda — Burundi — Tanzanie — Seychelles — Comores — Malawi — Zambie — Maurice — Madagascar — Zimbabwe — Mozambique — Swaziland — Lesotho

Le savais-tu?

◈ Le livre et le film *Gorilles dans la brume* portent sur une espèce de gorilles rares, les gorilles de montagne, qui vivent au Rwanda. L'auteure du livre est Dian Fossey, zoologiste, qui a perdu la vie en tentant de protéger les gorilles à l'état sauvage.

◈ L'Okavango ne se jette pas dans la mer, mais inonde une immense région dans le nord du Botswana. C'est le delta de l'Okavango où vivent de nombreux animaux.

Kilimandjaro

Le sommet du Kilimandjaro, en Tanzanie, est recouvert de neige toute l'année, même si la montagne est tout près de l'équateur. En fait, plus on s'approche du sommet d'une montagne, plus il fait froid. Le Kilimandjaro fait 5 895 mètres de haut et est le sommet le plus élevé en Afrique.

Le baobab

L'île de Madagascar, située au large de la côte est de l'Afrique, s'est séparée du continent il y a des millions d'années. De nombreuses espèces végétales et animales uniques sont apparues là-bas, et certaines espèces ne se trouvent qu'à cet endroit. Plusieurs types de baobabs poussent seulement à Madagascar. Certains de ces arbres extraordinaires ont plus de 3 000 ans.

0 — 400 — 800 kilomètres
0 — 400 — 800 milles

Le savais-tu?

◈ C'est dans les gorges d'Olduvai, dans la Grande fosse orientale, en Tanzanie, qu'on a trouvé les plus vieux fossiles humains. Ils datent d'environ 2,3 millions d'années. Selon de nombreux spécialistes, c'est à cet endroit que les premiers humains seraient apparus. Ces gorges sont souvent appelées « le berceau de l'humanité ».

Le climat du sud de l'Afrique est varié, et on peut donc y faire pousser de nombreux types de fleurs, comme les gerberas (ci-contre), les roses et les œillets. Ces fleurs sont exportées en Europe, et vendues sur place.

Où se trouve le sommet le plus haut d'Afrique?

En Tanzanie – le Kilimandjaro

Europe du Nord

EUROPE

La Norvège, la Suède et le Danemark forment la Scandinavie. L'Estonie, la Lettonie et la Lituanie, sont, quant à elles, connues sous le nom de pays baltes. Ces six pays, ainsi que la Finlande et l'Islande, sont les pays d'Europe qui sont situés le plus au nord. Durant les longs hivers froids, le soleil n'est présent que quelques heures par jour. La plupart des habitants de la Scandinavie habitent dans les villes ou les villages situés au sud ou sur la côte. Dans toute la Scandinavie, il y a des forêts, dont on utilise le bois pour fabriquer des meubles et du papier. Le minerai de fer est utilisé pour faire de l'acier, et l'eau des lacs et des rivières permet de produire de l'électricité dans des centrales hydroélectriques. Il y a beaucoup de poissons dans les eaux côtières de l'Europe du Nord, et tous ces pays ont une importante industrie de la pêche.

Pays
Danemark
Estonie
Finlande
Islande
Lettonie
Lituanie
Norvège
Suède

La Laponie

La partie la plus au nord de la Norvège, de la Suède et de la Finlande s'appelle la Laponie. C'est là qu'habitent les Saami. Ces derniers sont les descendants de nomades qui ont vécu dans le nord de la Scandinavie pendant des milliers d'années. Certains Saami ont encore des troupeaux de rennes, qu'ils élèvent pour leur lait, leur viande et leur peau.

Les fjords norvégiens

Les fjords sont de longues vallées très profondes et aux parois très escarpées. Il y a plus de 150 000 ans, les glaciers les ont façonnées. Le niveau de la mer a monté lors de la fonte de la glace et a inondé les vallées. Des milliers de touristes visitent les fjords chaque année pour admirer le magnifique paysage.

L'écureuil roux

L'écureuil roux vit dans toutes les régions de l'Europe du Nord. Malgré son nom, il peut être noir, brun ou roux, et son ventre est blanc. D'autres mammifères, comme les ours bruns, les cerfs et les ours gris, vivent aussi dans les forêts de la Scandinavie.

Le savais-tu?

◈ Certaines des plus longues plages d'Europe se trouvent au Danemark.

◈ Plusieurs mots français ont été empruntés aux langues scandinaves. Comme la mer est très importante pour les Scandinaves, la plupart de ces mots ont un lien avec elle, par exemple : « écume », « homard » et « vague ».

Les deux tiers du territoire du Danemark sont utilisés pour l'agriculture. Une grande partie de ces territoires est utilisée pour l'élevage porcin ou pour la production d'aliments pour cochons.

Le savais-tu?

◈ La Finlande compte plus de 188 000 lacs, et les trois quarts du pays sont recouverts de forêts.

◈ Selon l'indice mondial de la paix 2008, l'Islande est le pays le plus paisible du monde.

◈ L'Estonie est l'un des pays du monde les plus avancés sur le plan de la technologie. Les Estoniens votent en ligne depuis 2005.

Le bois de construction

Le bois est un matériau très important pour tous les pays de l'Europe du Nord. Au fil des siècles, on a utilisé le bois comme combustible ou pour fabriquer des meubles et des jouets, et pour construire des maisons et des églises. Il y a tellement d'arbres dans cette région que de nombreuses maisons et de nombreux immeubles publics sont encore aujourd'hui faits en bois.

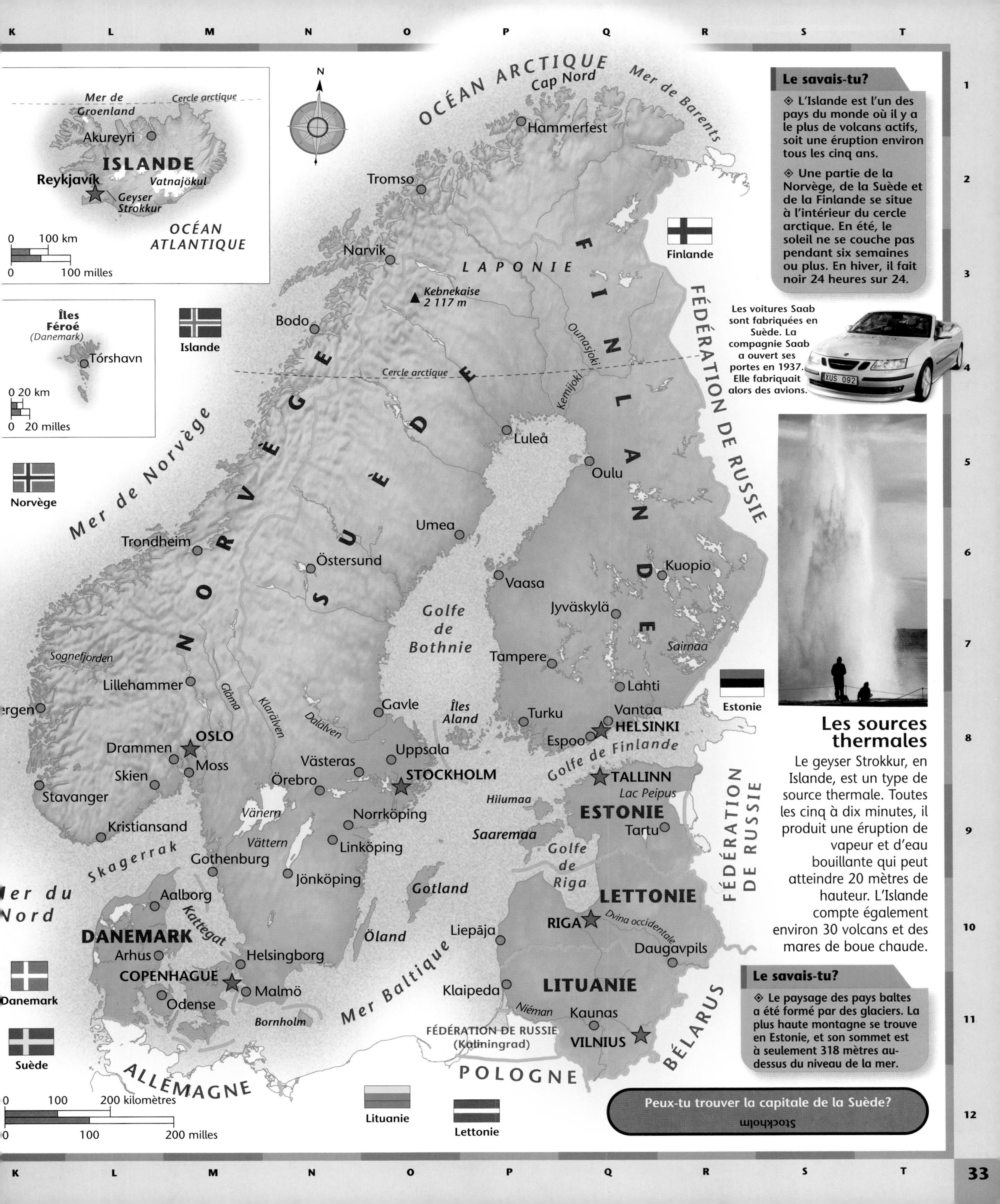

Le savais-tu?

◈ L'Islande est l'un des pays du monde où il y a le plus de volcans actifs, soit une éruption environ tous les cinq ans.

◈ Une partie de la Norvège, de la Suède et de la Finlande se situe à l'intérieur du cercle arctique. En été, le soleil ne se couche pas pendant six semaines ou plus. En hiver, il fait noir 24 heures sur 24.

Les voitures Saab sont fabriquées en Suède. La compagnie Saab a ouvert ses portes en 1937. Elle fabriquait alors des avions.

Les sources thermales

Le geyser Strokkur, en Islande, est un type de source thermale. Toutes les cinq à dix minutes, il produit une éruption de vapeur et d'eau bouillante qui peut atteindre 20 mètres de hauteur. L'Islande compte également environ 30 volcans et des mares de boue chaude.

Le savais-tu?

◈ Le paysage des pays baltes a été formé par des glaciers. La plus haute montagne se trouve en Estonie, et son sommet est à seulement 318 mètres au-dessus du niveau de la mer.

Peux-tu trouver la capitale de la Suède?

Stockholm

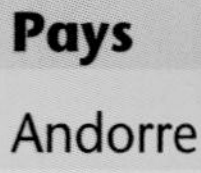

Europe de l'Ouest

EUROPE

La région de l'Europe la plus éloignée de l'Asie s'appelle l'Europe de l'Ouest. Dans le nord de cette région, le climat est doux et humide, et plus on va vers le sud, plus il est chaud. Dans le sud de la France, de l'Espagne et du Portugal, la température atteint souvent plus de 30 °C en été. On y pratique diverses formes d'agriculture. En Espagne, on cultive des oranges, tandis qu'on cultive des fleurs aux Pays-Bas, et du blé et des pommes de terre partout en Europe de l'Ouest. Dans de nombreux pays, on cultive aussi du raisin pour en faire du vin. La vinification est une activité importante en France, en Espagne et au Portugal. En Europe de l'Ouest, la plupart des gens vivent dans de grandes villes. Cette région est une destination touristique populaire. Les industries les plus importantes sont le tourisme, l'électronique et la fabrication d'automobiles.

Pays
Andorre
Belgique
Espagne
France
Irlande
Luxembourg
Monaco
Pays-Bas
Portugal
Royaume-Uni

Le renard roux

Les renards font partie de la famille des chiens. On en trouve partout en Europe, tant dans les villes qu'à la campagne. Ils se nourrissent de toutes sortes de choses, comme des vers, des baies, des insectes, des petits mammifères et des déchets domestiques.

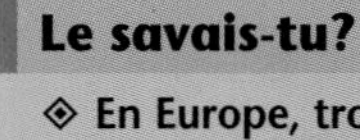

Le savais-tu?

◈ En Europe, trois pays sont des principautés, ce qui signifie qu'ils sont dirigés par un prince ou une princesse. Il s'agit de l'Andorre, du Liechtenstein et de Monaco.

Le train le plus rapide du monde est le TGV français (TGV signifie « train à grande vitesse »). Il se déplace à une vitesse moyenne de 300 km/h. Pendant un essai, un TGV a déjà atteint 574,8 km/h; c'est le record du monde pour un train se déplaçant sur des rails ordinaires.

Le savais-tu?

◈ Les gens qui habitent l'Andorre sont ceux qui ont la plus longue espérance de vie du monde, 83,5 ans en moyenne.

◈ Les gens originaires de l'Amérique du Sud, de l'Indonésie et des Antilles forment 5 % de la population des Pays-Bas. Des colonies néerlandaises étaient établies dans ces régions.

La Costa Brava

La Costa Brava, région côtière du nord-est de l'Espagne, s'étend sur environ 160 km le long de la mer Méditerranée. Les gens l'aiment pour ses plages sablonneuses et sa mer chaude. Cette région produit une grande quantité de liège destiné aux producteurs de vin de partout dans le monde.

En France, on fabrique plus de 500 variétés de fromage, dont le brie et le roquefort.

Le London Eye

Chaque année, des millions de touristes visitent Londres pour sa riche histoire, ses théâtres et ses attractions, comme le Big Ben et le London Eye. Le London Eye atteint une hauteur de 135 mètres; c'est la plus haute roue d'observation du monde. Environ 3,5 millions de personnes y montent chaque année pour admirer la ville de haut et voir jusqu'à 40 km de distance dans toutes les directions.

Le savais-tu?

◈ La culture la plus importante du Portugal est la culture de la tomate. Le pays produit plus d'un million de tonnes de tomates chaque année.

◈ La pointe de l'Espagne la plus au sud est située à tout juste 13 km de l'Afrique.

◈ La Belgique est reconnue pour son chocolat et produit 172 000 tonnes de chocolat chaque année.

Les raisins poussent sur de petits arbres que l'on appelle des vignes. Les plantations de vignes servant à produire du vin sont appelées des vignobles.

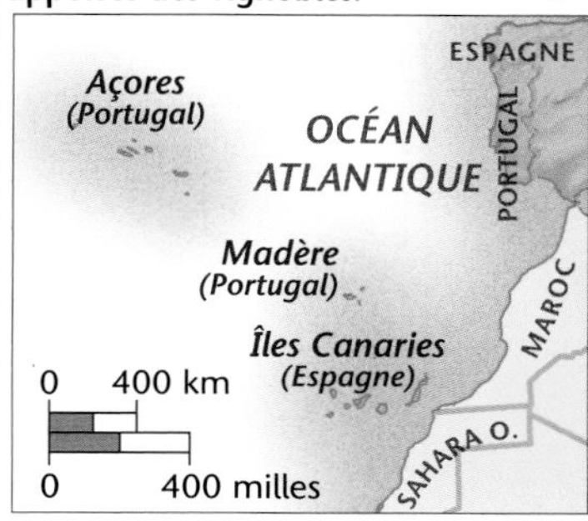

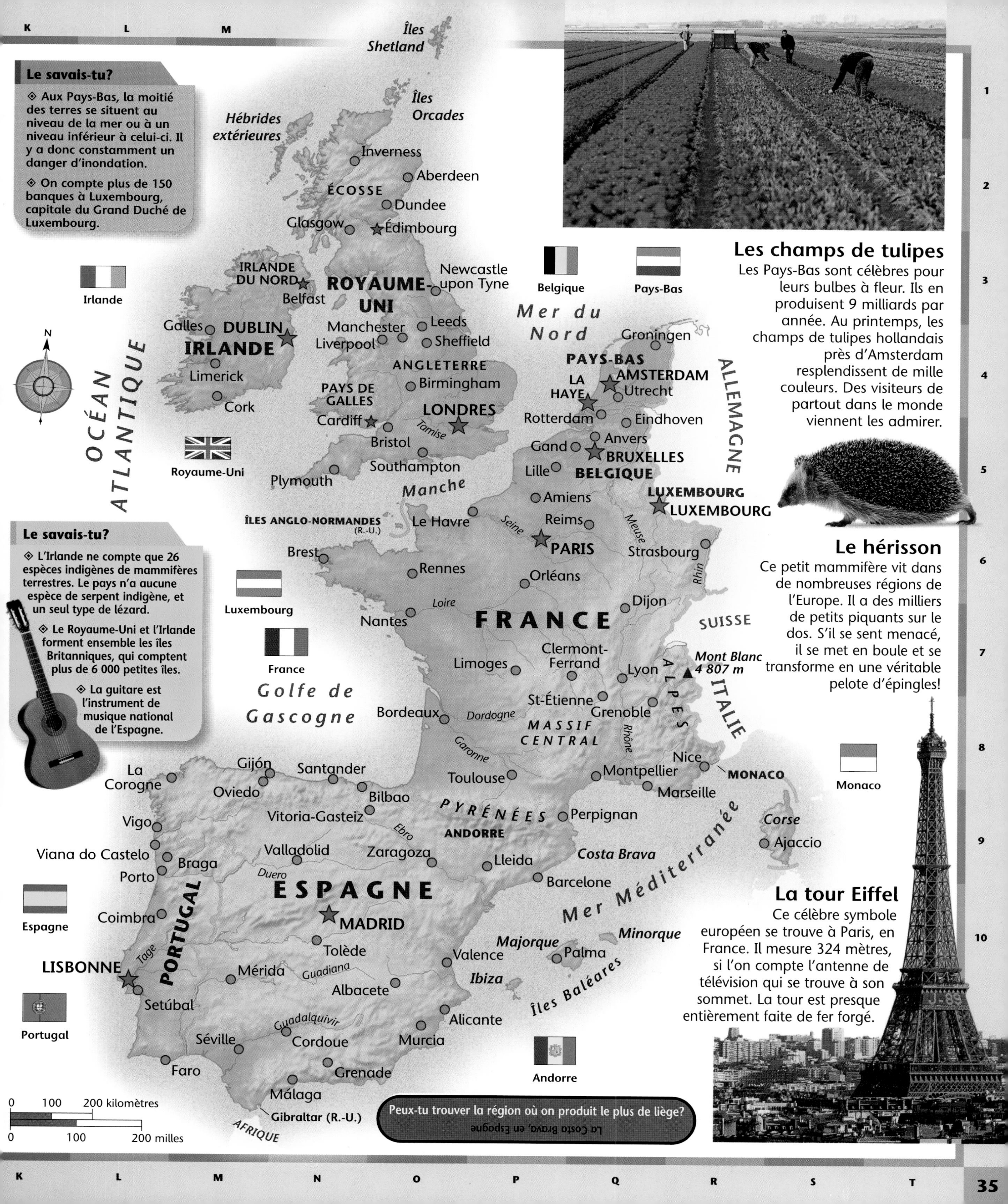

Le savais-tu?

◈ Aux Pays-Bas, la moitié des terres se situent au niveau de la mer ou à un niveau inférieur à celui-ci. Il y a donc constamment un danger d'inondation.

◈ On compte plus de 150 banques à Luxembourg, capitale du Grand Duché de Luxembourg.

Le savais-tu?

◈ L'Irlande ne compte que 26 espèces indigènes de mammifères terrestres. Le pays n'a aucune espèce de serpent indigène, et un seul type de lézard.

◈ Le Royaume-Uni et l'Irlande forment ensemble les îles Britanniques, qui comptent plus de 6 000 petites îles.

◈ La guitare est l'instrument de musique national de l'Espagne.

Les champs de tulipes

Les Pays-Bas sont célèbres pour leurs bulbes à fleur. Ils en produisent 9 milliards par année. Au printemps, les champs de tulipes hollandais près d'Amsterdam resplendissent de mille couleurs. Des visiteurs de partout dans le monde viennent les admirer.

Le hérisson

Ce petit mammifère vit dans de nombreuses régions de l'Europe. Il a des milliers de petits piquants sur le dos. S'il se sent menacé, il se met en boule et se transforme en une véritable pelote d'épingles!

La tour Eiffel

Ce célèbre symbole européen se trouve à Paris, en France. Il mesure 324 mètres, si l'on compte l'antenne de télévision qui se trouve à son sommet. La tour est presque entièrement faite de fer forgé.

Peux-tu trouver la région où on produit le plus de liège?

La Costa Brava, en Espagne

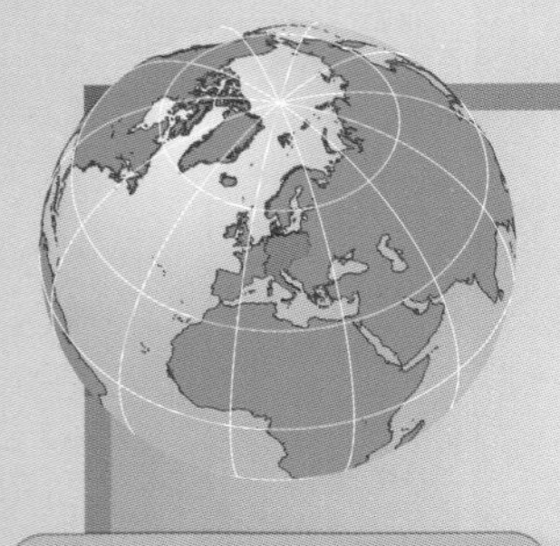

Europe centrale

EUROPE

Le centre de l'Europe s'étend de la mer Baltique, au nord, à la mer Méditerranée, au sud. Dans le nord, les hivers peuvent être très froids, mais dans les régions du sud, la température est plus douce. En Allemagne et en Pologne, les terres servent à l'exploitation de mines et d'industries ou sont utilisées pour l'agriculture. On y cultive entre autres des pommes de terre et de l'orge, et de nombreux cultivateurs élèvent des porcs et des chèvres. Plus au sud, surtout en Italie, on cultive des olives, du raisin et des agrumes. De nombreux fleuves importants coulent en Europe centrale, dont le Rhin et le Danube. Ces fleuves servent au transport des marchandises. Une haute chaîne de montagnes, les Alpes, traverse la France, la Suisse, l'Autriche et le Nord de l'Italie.

Pays
Allemagne
Autriche
Cité du Vatican
Italie
Liechtenstein
Malte
Pologne
République tchèque
Saint-Marin
Slovaquie
Slovénie
Suisse

Les Alpes

Cette chaîne de montagnes d'environ 1 200 kilomètres de long s'étend principalement sur le territoire de la France, de l'Italie, de la Suisse et de l'Autriche. Beaucoup de gens s'y rendent pour faire de l'escalade, de la randonnée et du ski. De nombreux fleuves importants d'Europe, comme le Rhin, le Rhône et le Pô, y prennent leur source.

Le savais-tu?

◈ L'Allemagne produit assez d'aliments de base, comme des céréales, du sucre, de l'huile, du lait et de la viande, pour répondre aux besoins de sa population entière.

Le savais-tu?

◈ Le lignite (houille brune) le combustible le plus utilisé en Europe centrale, constitue l'une des plus importantes exportations de la Pologne. On le fait brûler pour fabriquer de l'électricité, mais comme il contient beaucoup de soufre, il crée de la pollution dans l'air et des pluies acides.

◈ Il y a de nombreux fabricants d'autos en Italie. Ce pays compte le plus grand nombre de voitures par personne au monde.

Les Lamborghini sont parmi les voitures sport les plus rapides et les plus chères du monde.

La Cité du Vatican

La Cité du Vatican se trouve à Rome, en Italie. Il s'agit du plus petit pays au monde. Sa superficie n'est que de 440 000 m². On y trouve la basilique Saint-Pierre et le palais pontifical, qui est la résidence du pape.

De nombreux mets italiens, comme la pizza, mettent en vedette les tomates et le basilic.

Le bouquetin des Alpes

Le bouquetin est un type de chèvre sauvage qui vit dans les hautes Alpes; c'est donc un animal robuste et agile. Au XIXe siècle, le bouquetin était tellement chassé qu'il a failli disparaître, mais sa population est maintenant en croissance.

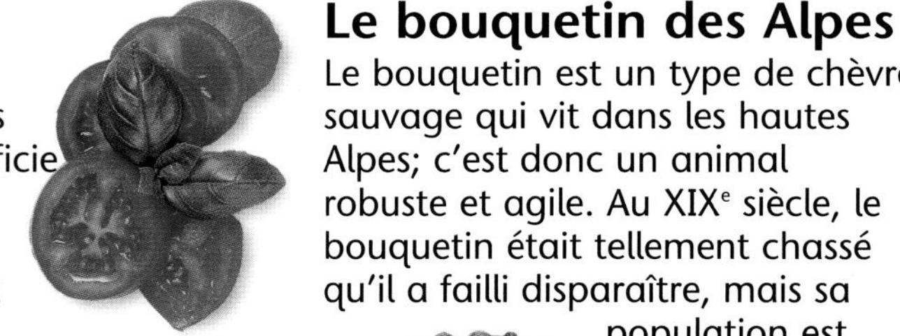

Les parcs nationaux

L'Europe centrale compte de nombreux parcs nationaux. Voici une photo du parc national du Triglav, en Slovénie. On y trouve le mont Triglav, le plus haut sommet de Slovénie. Les forêts de hêtres et d'épinettes qui y poussent abritent divers animaux comme des chamois et des lynx.

Le savais tu?

◈ Le plus haut sommet des Alpes est le mont Blanc, situé à la frontière entre la France et l'Italie. Il atteint une hauteur de 4 807 mètres.

◈ La pizza et les pâtes sont des mets italiens, maintenant appréciés partout dans le monde.

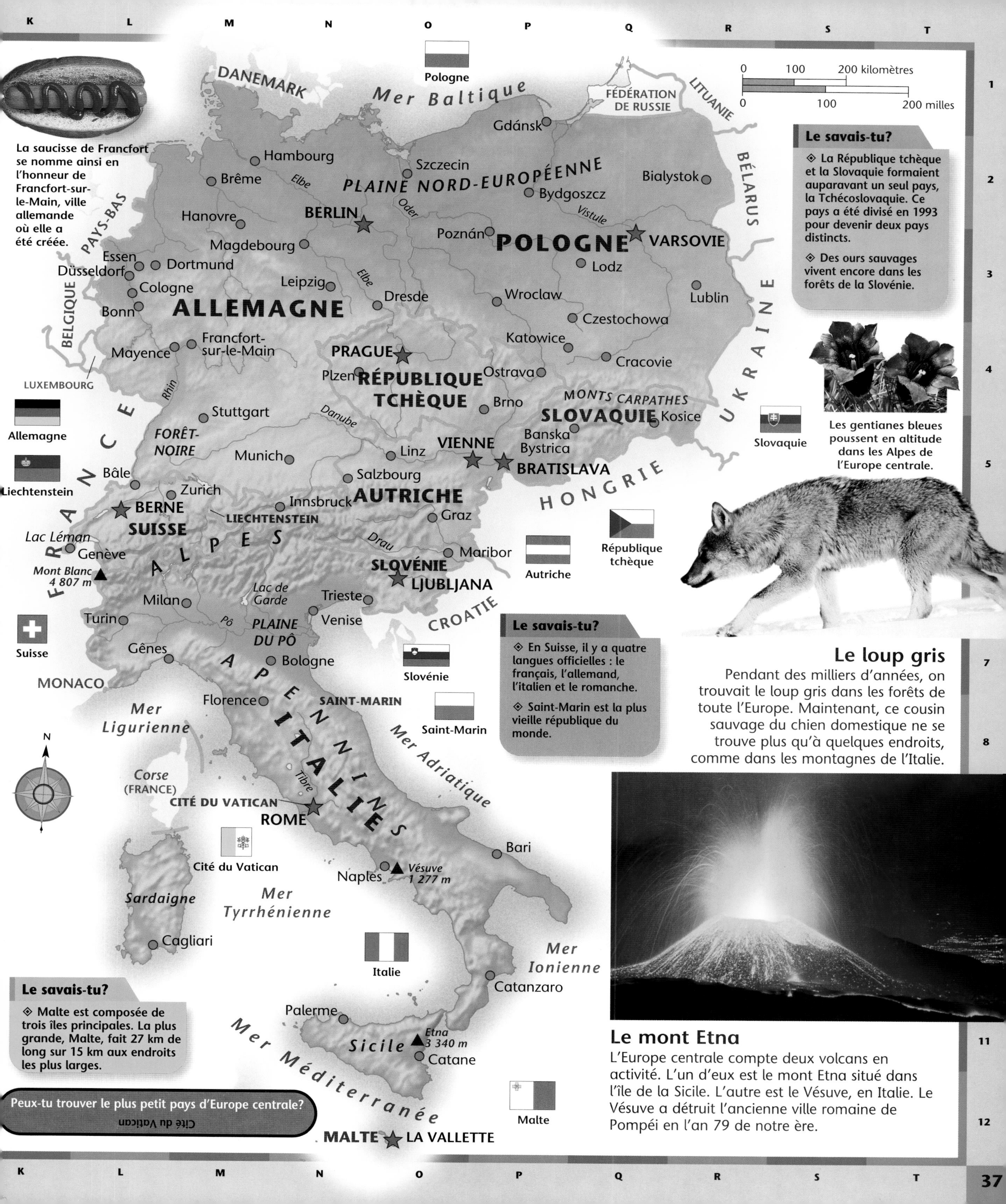

La saucisse de Francfort se nomme ainsi en l'honneur de Francfort-sur-le-Main, ville allemande où elle a été créée.

Le savais-tu?

- La République tchèque et la Slovaquie formaient auparavant un seul pays, la Tchécoslovaquie. Ce pays a été divisé en 1993 pour devenir deux pays distincts.
- Des ours sauvages vivent encore dans les forêts de la Slovénie.

Les gentianes bleues poussent en altitude dans les Alpes de l'Europe centrale.

Le savais-tu?

- En Suisse, il y a quatre langues officielles : le français, l'allemand, l'italien et le romanche.
- Saint-Marin est la plus vieille république du monde.

Le loup gris

Pendant des milliers d'années, on trouvait le loup gris dans les forêts de toute l'Europe. Maintenant, ce cousin sauvage du chien domestique ne se trouve plus qu'à quelques endroits, comme dans les montagnes de l'Italie.

Le mont Etna

L'Europe centrale compte deux volcans en activité. L'un d'eux est le mont Etna situé dans l'île de la Sicile. L'autre est le Vésuve, en Italie. Le Vésuve a détruit l'ancienne ville romaine de Pompéi en l'an 79 de notre ère.

Le savais-tu?

- Malte est composée de trois îles principales. La plus grande, Malte, fait 27 km de long sur 15 km aux endroits les plus larges.

Peux-tu trouver le plus petit pays d'Europe centrale?

Cité du Vatican

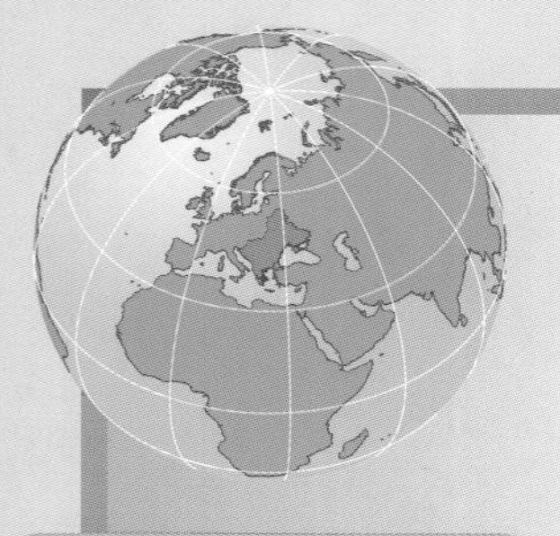

Europe du Sud-Est

EUROPE

Une grande partie de cette région est occupée par des montagnes, même si on trouve des plaines fertiles au nord et à l'est. L'agriculture occupe une place prépondérante dans ces pays, et l'on y fait pousser, entre autres, du raisin, du tabac, des roses et du blé. Dans le Nord, les hivers sont très froids. Plus au sud et près de la côte, les hivers sont plus doux, et les étés sont chauds et secs. Au cours des 30 dernières années, l'Europe du Sud-Est a connu bien des guerres et de nombreux changements à cause de problèmes politiques, ethniques et religieux. Dans les années 90, l'Ukraine, le Bélarus et la Moldavie, d'anciennes républiques soviétiques, sont devenus des pays indépendants. L'ancienne Yougoslavie s'est divisée et de nouvelles républiques sont nées : Croatie, Serbie, Bosnie-Herzégovine, Macédoine et Monténégro. Certaines régions ne sont pas encore complètement remises de ces années de guerre.

Pays
Albanie
Bélarus
Bosnie-Herzégovine
Bulgarie
Croatie
Grèce
Hongrie
Macédoine
Moldavie
Monténégro
Roumanie
Serbie
Ukraine

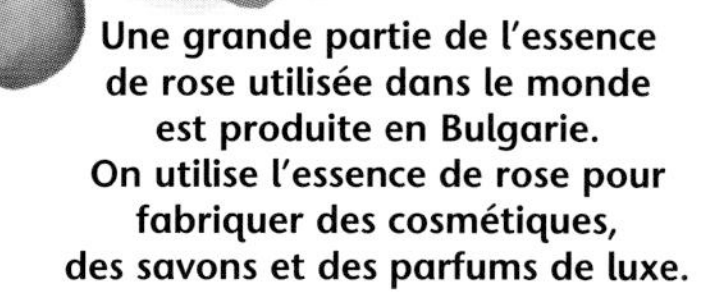

Une grande partie de l'essence de rose utilisée dans le monde est produite en Bulgarie. On utilise l'essence de rose pour fabriquer des cosmétiques, des savons et des parfums de luxe.

Le savais-tu?

◈ La Roumanie est le pays européen qui compte le plus grand pourcentage de personnes qui fument la cigarette.

◈ L'eau de certaines sources de Budapest atteint plus de 90 °C. Elle est mélangée à de l'eau froide avant que les gens ne s'y baignent.

Dubrovnik

La ville de Dubrovnik, en Croatie, est entourée d'un mur de 1 940 m de long construit il y a plus de 400 ans. Il s'agit de l'une des fortifications les plus solides de l'Europe, composée de plusieurs tours et forteresses.

Budapest

La ville de Budapest, en Hongrie, est construite sur une ligne de faille géologique. Plus de 120 sources d'eau chaude jaillissent naturellement du sol dans la ville. Depuis près de 2 000 ans, les gens construisent des stations thermales et des bains où l'on utilise l'eau de ces sources chaudes.

Le savais-tu?

◈ Le grand lac de Prespa a une superficie de 274 km². La plus grande partie du lac se trouve en Macédoine, mais il touche aussi le territoire de l'Albanie et de la Grèce. Il est alimenté par des sources souterraines et est relié par des canaux souterrains au lac d'Ohrid. Ce dernier couvre 358 km²; il s'étend sur le territoire de la Macédoine et de l'Albanie.

Le sanglier

On trouve des sangliers sauvages dans toutes les forêts de l'Europe du Sud-Est. Ces animaux nocturnes passent la nuit à chercher de la nourriture. Ils vivent en groupe, que l'on appelle des hardes et qui comptent environ 20 animaux. Les groupes sont composés de trois ou quatre femelles et de leurs petits.

Depuis plus de 2 000 ans, on cultive les olives en Grèce. Elles constituent avec l'huile d'olive, la plus importante exportation du pays. Elles se retrouvent dans beaucoup de plats, dont la salade grecque.

L'Acropole

Athènes, la capitale de la Grèce, a été baptisée en l'honneur d'Athéna, déesse de la guerre dans la mythologie grecque. Le Parthénon est le monument le plus connu d'Athènes. Il a été construit au Vᵉ siècle avant J. C. sur la colline de l'Acropole, qui domine Athènes. Le mot acropole signifie le point culminant de la ville.

L'Ukraine

Le riche sol de l'Ukraine, constitué de terre noire, est idéal pour l'agriculture. Quand elle faisait partie de l'Union soviétique, l'Ukraine était surnommée le « grenier de la Russie ». Aujourd'hui, elle exporte de grandes quantités de céréales, de légumes, de produits laitiers, de viande et de graines de tournesol.

Le savais-tu?

- L'Ukraine dépend grandement de la Russie, qui lui fournit de l'énergie, surtout du pétrole et du gaz.
- En Ukraine, une personne sur quatre travaille dans le secteur de l'agriculture ou de la foresterie.

Une grande partie du sol de la Moldavie est riche et fertile. De nombreux légumes y sont cultivés, mais les principales cultures sont celles du raisin et du tournesol.

La martre des pins

Cette cousine de la belette est de la taille d'un chat domestique. Elle vit dans les régions boisées de l'Europe et passe presque tout son temps dans les arbres, où elle construit sa tanière. La martre des pins se nourrit surtout de petits mammifères, d'oiseaux, de grenouilles, d'insectes et de charogne.

Le savais-tu?

- Le bison d'Europe a été réintroduit dans la forêt de Bialowieza au Bélarus et en Pologne, après avoir disparu à l'état sauvage.
- Le chien tacheté que l'on appelle le dalmatien tire son nom d'une région de la Croatie, appelée la Dalmatie.

Peux-tu trouver la ville aux sources d'eau chaude?

Budapest

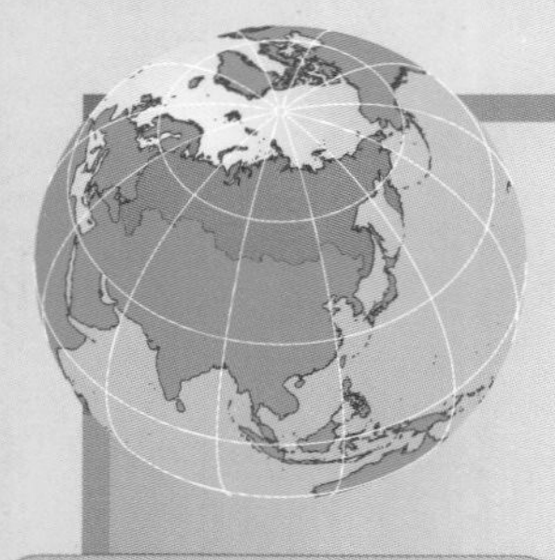

Fédération de Russie

EUROPE ET ASIE

Pays

Fédération de Russie

La Fédération de Russie est le plus grand pays du monde et chevauche deux continents. La région située à l'ouest de l'Oural se trouve en Europe, tandis que la région située à l'est de l'Oural est en Asie. Le climat de la Russie est très diversifié : au nord, des froids arctiques, et au sud, une température plus douce. La Sibérie représente plus des trois quarts du territoire, mais moins de 30 % de la population y vit parce que les hivers sont très longs et rigoureux. Le sol de la Sibérie renferme d'importants gisements de pétrole et de gaz naturel. La Russie compte aussi des terres agricoles fertiles et de riches gisements de minerais. Ses principales exportations sont le pétrole et ses produits dérivés, le gaz naturel, les métaux, le bois et les produits du bois. La population est principalement composée de Russes, mais le pays compte aussi plus de 120 autres groupes ethniques de religions, langues et cultures variées.

La cathédrale Saint-Basile

La cathédrale Saint-Basile, qui se trouve sur la place Rouge, à Moscou, est l'un des monuments les plus célèbres du monde. Sa construction, sous le règne du tsar Ivan IV, dit « le Terrible », a duré cinq ans et s'est terminée en 1560. Elle est constituée de huit églises distinctes reliées par une tour centrale.

Le savais-tu?

- **Le lac Baïkal, dont la profondeur maximale atteint 1 620 mètres, est le lac le plus profond du monde. C'est aussi la plus vieille étendue d'eau douce du monde.**
- **La Russie compte deux grandes compagnies de ballet, le Bolchoï et le Mariinsky (anciennement le Kirov), toutes deux célèbres mondialement.**

Le tigre de Sibérie

Le tigre de Sibérie est menacé d'extinction. Son habitat se restreint de plus en plus, et il est chassé pour certaines parties de son corps utilisées dans la médecine traditionnelle chinoise. Il n'en reste qu'environ 500 en liberté.

Les réserves minérales

Cette mine de diamants, située à Mirny, en Sibérie, est la plus importante au monde. Les mines forment une part importante de l'économie de la Russie, et on en trouve partout au pays. Parmi les autres minerais extraits des mines, il y a le nickel, le minerai de fer, le cuivre, les phosphates, le cobalt et l'or.

Le renne

On trouve des troupeaux de rennes dans la toundra, près du cercle polaire arctique. L'activité principale de nombreux habitants du nord de la Russie consiste à s'occuper des troupeaux de rennes. Ces personnes dépendent des rennes pour se déplacer, se nourrir, se vêtir et se loger.

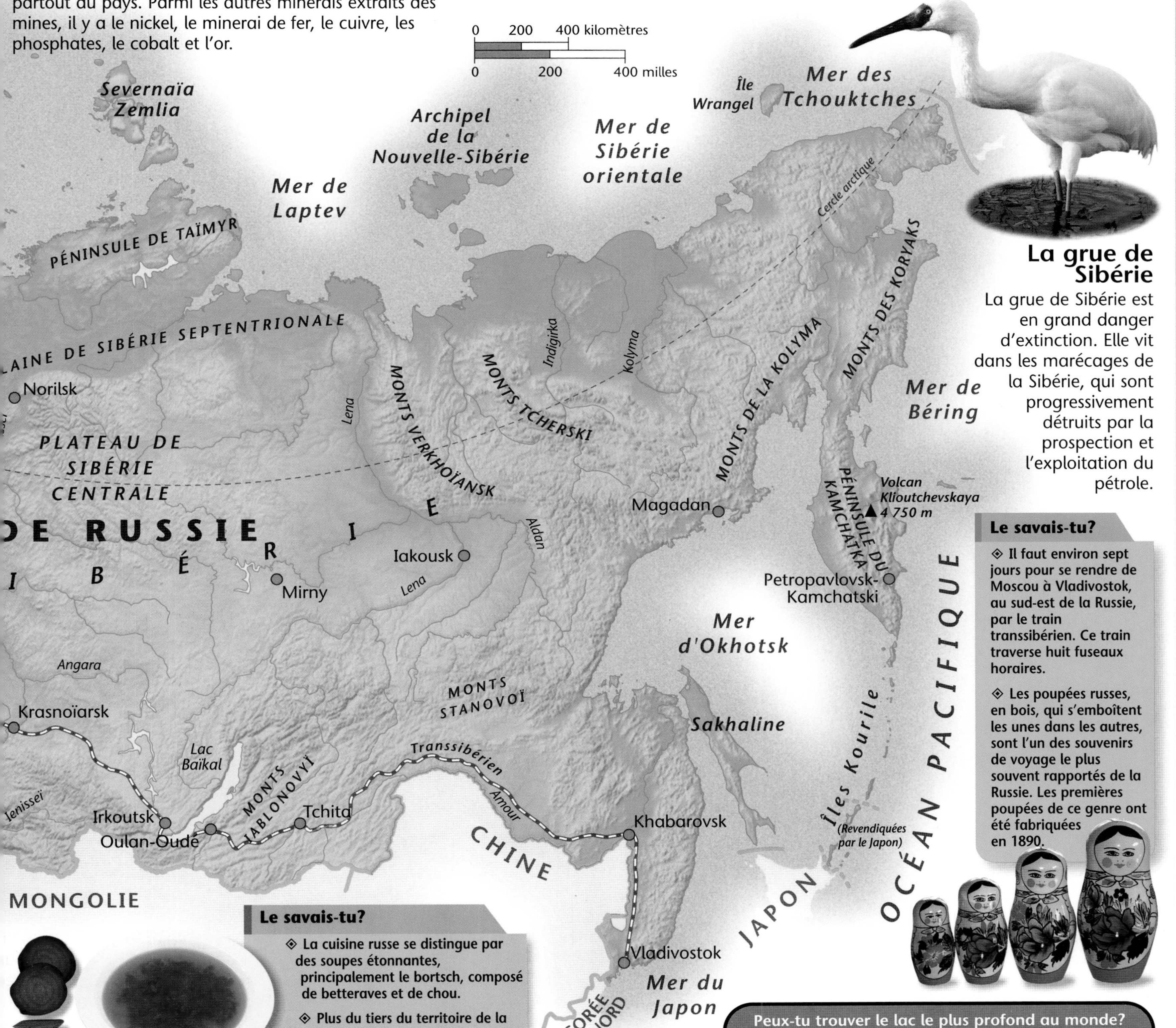

La grue de Sibérie

La grue de Sibérie est en grand danger d'extinction. Elle vit dans les marécages de la Sibérie, qui sont progressivement détruits par la prospection et l'exploitation du pétrole.

Le savais-tu?

- Il faut environ sept jours pour se rendre de Moscou à Vladivostok, au sud-est de la Russie, par le train transsibérien. Ce train traverse huit fuseaux horaires.
- Les poupées russes, en bois, qui s'emboîtent les unes dans les autres, sont l'un des souvenirs de voyage le plus souvent rapportés de la Russie. Les premières poupées de ce genre ont été fabriquées en 1890.

Le savais-tu?

- La cuisine russe se distingue par des soupes étonnantes, principalement le bortsch, composé de betteraves et de chou.
- Plus du tiers du territoire de la Russie est couvert de forêts.

Peux-tu trouver le lac le plus profond au monde?

Lac Baïkal

Asie du Sud-Ouest

ASIE

Presque toute l'Asie du Sud-Ouest est désertique. La température peut dépasser 30 °C l'été, et il pleut très rarement. Malgré un climat chaud et sec, les gens y vivent, dans des villes et des villages, depuis plus de 7 000 ans. Trois des plus importantes religions du monde y sont nées : le christianisme, l'islam et le judaïsme. Cette région est touchée par des guerres depuis des milliers d'années, et les conflits se poursuivent encore aujourd'hui. Bien souvent, ces guerres sont liées aux frontières ou à la religion. La plupart des pays de l'Asie du Sud-Ouest tirent leurs revenus du pétrole et du gaz. Le pétrole a rendu très riches certains pays, comme les États arabes. Le tourisme est une industrie importante dans plusieurs pays, en Turquie et en Israël, par exemple. La Turquie et l'Iran sont reconnus pour leurs tapis, exportés partout dans le monde.

Pays

- Arabie saoudite
- Arménie
- Azerbaïdjan
- Bahreïn
- Chypre
- Émirats arabes unis
- Géorgie
- Iran
- Irak
- Israël
- Jordanie
- Koweït
- Liban
- Oman
- Qatar
- Syrie
- Turquie
- Yémen

Chypre

BULGARIE
Istanbul
Bursa
GRÈCE
Izmir
Denizli
RÉPUBLIQUE TURQUE CHYPRE DU NORD (reconnue seulement par la Turquie)

Syrie

Mer

Liban

La Mecque

La Kaaba, un sanctuaire situé dans la Grande Mosquée de La Mecque, en Arabie saoudite, est considérée par les musulmans comme l'endroit le plus sacré sur Terre. Tous les musulmans qui en sont physiquement capables et qui en ont les moyens doivent accomplir un pèlerinage à La Mecque au moins une fois dans leur vie.

Dans cette région, on cultive beaucoup les aubergines, les abricots, les pistaches et les noix.

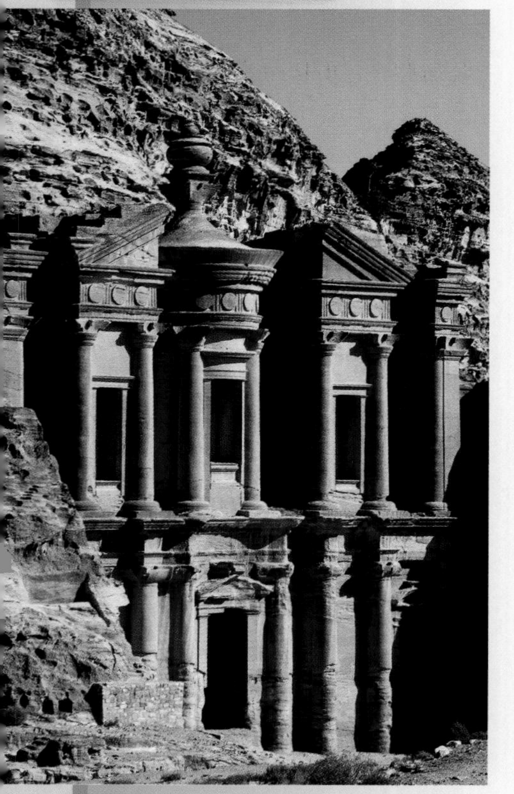

Petra

La cité ancienne de Petra, en Jordanie, est située au cœur d'une vallée désertique. La plupart des bâtiments sont directement taillés dans la roche. À une certaine époque, cette cité maintenant en ruine était la capitale d'un royaume arabe. Aujourd'hui, elle est une attraction touristique populaire.

L'oryx d'Arabie

L'oryx d'Arabie a été tellement chassé qu'il avait fini par disparaître à l'état sauvage. À la suite d'un programme d'élevage dans des zoos du monde entier, il a pu être réintroduit à l'état sauvage en Oman. Il y a, à l'heure actuelle, deux troupeaux d'oryx en liberté.

Le savais-tu?

- **Les terres les plus basses au monde qui ne sont pas couvertes par la glace sont celles qui entourent la mer Morte. Les rives sont en effet situées à près de 400 m sous le niveau de la mer.**
- **La Turquie est l'un des rares pays au monde à produire suffisamment de nourriture pour toute sa population. Dans ce pays, la moitié des terres sont utilisées pour l'agriculture.**

Dubaï

L'hôtel Burj al Arab à Dubaï, aux Émirats arabes unis, était l'hôtel le plus haut du monde quand il a ouvert ses portes en 1999. Il mesure 321 m et est doté d'une plate-forme d'hélicoptères au 28e étage. L'hôtel a été construit sur une île artificielle, et il a la forme d'une voile géante.

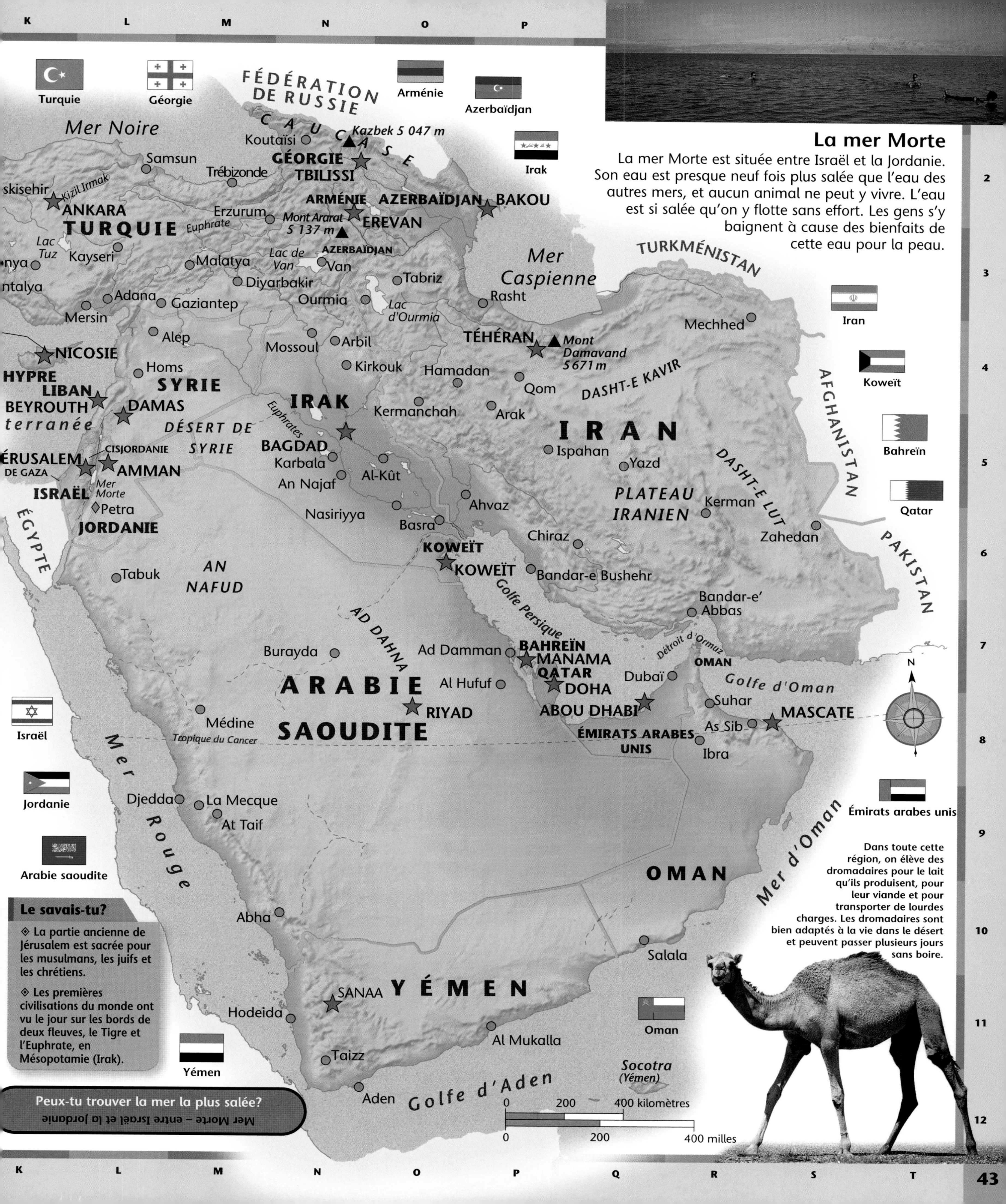

La mer Morte

La mer Morte est située entre Israël et la Jordanie. Son eau est presque neuf fois plus salée que l'eau des autres mers, et aucun animal ne peut y vivre. L'eau est si salée qu'on y flotte sans effort. Les gens s'y baignent à cause des bienfaits de cette eau pour la peau.

Le savais-tu?

◈ La partie ancienne de Jérusalem est sacrée pour les musulmans, les juifs et les chrétiens.

◈ Les premières civilisations du monde ont vu le jour sur les bords de deux fleuves, le Tigre et l'Euphrate, en Mésopotamie (Irak).

Dans toute cette région, on élève des dromadaires pour le lait qu'ils produisent, pour leur viande et pour transporter de lourdes charges. Les dromadaires sont bien adaptés à la vie dans le désert et peuvent passer plusieurs jours sans boire.

Peux-tu trouver la mer la plus salée?

Mer Morte – entre Israël et la Jordanie

Asie centrale

ASIE

Le Pamir, situé au sud-est de la région, se classe au second rang des chaînes de montagnes les plus hautes du monde, après l'Himalaya. La majeure partie du territoire du Kirghizistan et du Tadjikistan, de même qu'une grande partie de l'Afghanistan sont couvertes de montagnes. Le Kazakhstan se caractérise par des prairies verdoyantes, tandis que l'Ouzbékistan et le Turkménistan, plus au sud, sont occupés en grande partie par des déserts de sable. La région de l'Asie centrale n'a aucun accès aux océans, même si elle comprend un immense plan d'eau intérieur appelé la mer Caspienne. C'est une région qui reçoit très peu de pluie, et les températures sont extrêmes en été comme en hiver. On y trouve peu de grandes villes, et la plupart des gens vivent en région rurale. L'agriculture se fait surtout dans les vallées fertiles bien irriguées au pied des montagnes et au Kazakhstan. On y cultive surtout le coton, les pêches, les melons et les abricots. L'Asie centrale a aussi d'importants gisements de pétrole, de charbon, de gaz naturel et de minerais comme le fer et le cuivre. Cette région compte surtout des industries traditionnelles, parfois spécialisées, comme la fabrication de tapis et d'articles de cuir.

Pays
Afghanistan
Kazakhstan
Kirghizistan
Tajikistan
Turkménistan
Ouzbékistan

Le savais-tu?

◈ Pour parler des prairies verdoyantes qui traversent le Kazakhstan d'un bout à l'autre, on utilise le mot « steppe », un mot russe qui signifie « plaine ».

◈ L'Asie centrale a de grandes réserves de charbon qui servent à alimenter ses centrales électriques.

Ouralsk
Oural
FÉDÉRATION DE RUSSIE
Dépression Caspienne
Atyraou
Aktau
Mer Caspienne
Turkmenbasy
Balkanabat

Le savais-tu?

◈ La mer Caspienne, à l'ouest, est le plus important lac d'eau salée au monde. Sa superficie est de 371 000 km². Ce grand lac est entouré de cinq pays : la Russie, le Kazakhstan, l'Iran, le Turkménistan et l'Azerbaïdjan.

La mer d'Aral

La mer d'Aral a déjà eu une superficie de 68 000 km². Toutefois, depuis 1960, elle ne cesse de diminuer parce que l'eau des fleuves qui s'y jetaient a été détournée pour irriguer les terres. La mer d'Aral n'occupe actuellement qu'un quart de sa superficie initiale. On trouve maintenant, sur la terre ferme, d'anciens bateaux qui flottaient autrefois sur cette mer.

Samarkand

Samarkand est l'une des plus vieilles cités de l'Asie centrale. On y trouve certains des bâtiments les plus renommés de la région, dont de nombreuses écoles musulmanes, appelées madrasa. La madrasa Shirdar, que l'on voit ici, a été construite au début du XVIIe siècle. Elle est ornée d'une mosaïque composée de millions de carreaux de céramique.

Le léopard des neiges

Le léopard des neiges vit en altitude dans les montagnes de l'Asie centrale. Ce grand félin a une fourrure très épaisse, et ses poils peuvent atteindre 10 cm.

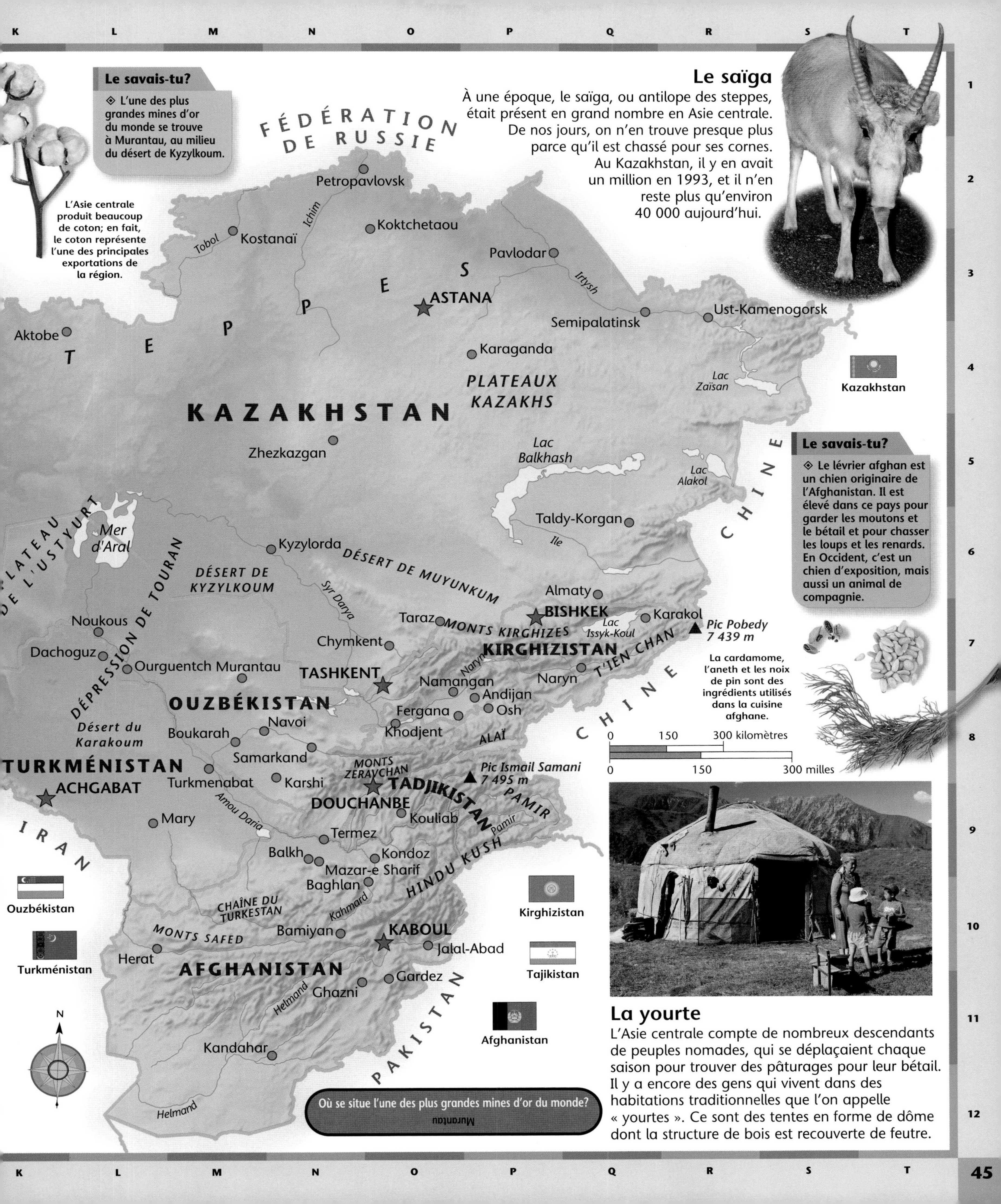

Le savais-tu?

◈ L'une des plus grandes mines d'or du monde se trouve à Murantau, au milieu du désert de Kyzylkoum.

L'Asie centrale produit beaucoup de coton; en fait, le coton représente l'une des principales exportations de la région.

Le saïga

À une époque, le saïga, ou antilope des steppes, était présent en grand nombre en Asie centrale. De nos jours, on n'en trouve presque plus parce qu'il est chassé pour ses cornes. Au Kazakhstan, il y en avait un million en 1993, et il n'en reste plus qu'environ 40 000 aujourd'hui.

Le savais-tu?

◈ Le lévrier afghan est un chien originaire de l'Afghanistan. Il est élevé dans ce pays pour garder les moutons et le bétail et pour chasser les loups et les renards. En Occident, c'est un chien d'exposition, mais aussi un animal de compagnie.

La cardamome, l'aneth et les noix de pin sont des ingrédients utilisés dans la cuisine afghane.

La yourte

L'Asie centrale compte de nombreux descendants de peuples nomades, qui se déplaçaient chaque saison pour trouver des pâturages pour leur bétail. Il y a encore des gens qui vivent dans des habitations traditionnelles que l'on appelle « yourtes ». Ce sont des tentes en forme de dôme dont la structure de bois est recouverte de feutre.

Où se situe l'une des plus grandes mines d'or du monde?

Murantau

Asie du Sud

ASIE

Pays
Bangladesh
Bhoutan
Inde
Maldives
Népal
Pakistan
Sri Lanka

Cette région est aussi appelée le sous-continent indien. L'Asie du Sud est séparée du reste de l'Asie par les hauts sommets de l'Himalaya, couverts de neiges éternelles. Dans le sud, on trouve des forêts tropicales humides luxuriantes, tandis que l'ouest est en grande partie désertique. Le climat de l'Inde est influencé par les moussons : de mars à juin, le temps est chaud et sec, tandis que de juin à septembre, c'est la saison des pluies. Les pluies sont si abondantes qu'elles entraînent souvent des inondations. D'octobre à février, le temps est frais et sec. Plus du cinquième de la population mondiale vit dans cette région. Cette partie du monde a connu des siècles d'invasions et d'occupations, ce qui fait qu'on y trouve une grande diversité de cultures et de religions et qu'on y parle des milliers de langue. Environ les deux tiers de la population de cette région cultivent la terre, même si la plupart ne font pousser que ce dont leur famille a besoin. Le riz est cultivé dans les régions humides de l'est et de l'ouest, tandis que le millet et le maïs sont cultivés à l'intérieur des terres, dans des régions situées un peu plus en altitude. La culture du thé y est très importante, surtout dans le sud-ouest de l'Inde et au Sri Lanka.

L'Inde est le deuxième pays du monde en nombre d'habitants, après la Chine. Environ 1,13 milliard de personnes y vivent.

Pakistan

IRAN

MONTS D' MAKRAN

Le savais-tu?

◈ Le Bangladesh est l'un des pays du monde ayant la plus forte densité de population, et ses habitants sont parmi les plus pauvres au monde. La plupart des gens ne réussissent à survivre qu'en cultivant les aliments qu'ils mangeront.

◈ Plus de 270 espèces de serpents vivent en Inde, dont 50 espèces de serpents venimeux, comme le cobra royal à gauche.

Quand un cobra se sent menacé, il se dresse et déploie son capuchon.

Bollywood

En Inde, l'industrie cinématographique, que l'on appelle Bollywood, est très importante. Les films contiennent souvent des chorégraphies spectaculaires et des scènes de combat, et mettent en vedette de beaux acteurs et de belles actrices. Les films sont tournés dans la ville de Mumbai, qui s'appelait autrefois Bombay.

Le savais-tu?

◈ L'ascension du mont Everest a coûté la vie à plus de 200 personnes, et ce nombre augmente chaque année.

◈ Le Gange est un fleuve sacré pour les hindous, qui le vénèrent comme une déesse.

◈ Environ 800 films sont produits chaque année à Bollywood.

Le Taj Mahal

L'empereur moghol Shâh Jahân a fait construire le majestueux Taj Mahal à Agra, en Inde, à la mémoire de son épouse favorite, Muntaz Mahal. Sa construction, achevée en 1648, a duré 22 ans. Le Taj Mahal est constitué de quatre bâtiments, dont l'un est un tombeau où reposent le corps de Shâh Jahân et celui de sa femme.

Les plantations de thé

Au Sri Lanka et dans certaines régions de l'Inde, le climat est parfait pour la culture du thé. On ne cueille que les plus jeunes feuilles de thé. Ensuite, ces feuilles sont flétries et oxydées, avant d'être roulées, séchées et infusées pour en faire une boisson chaude : le thé.

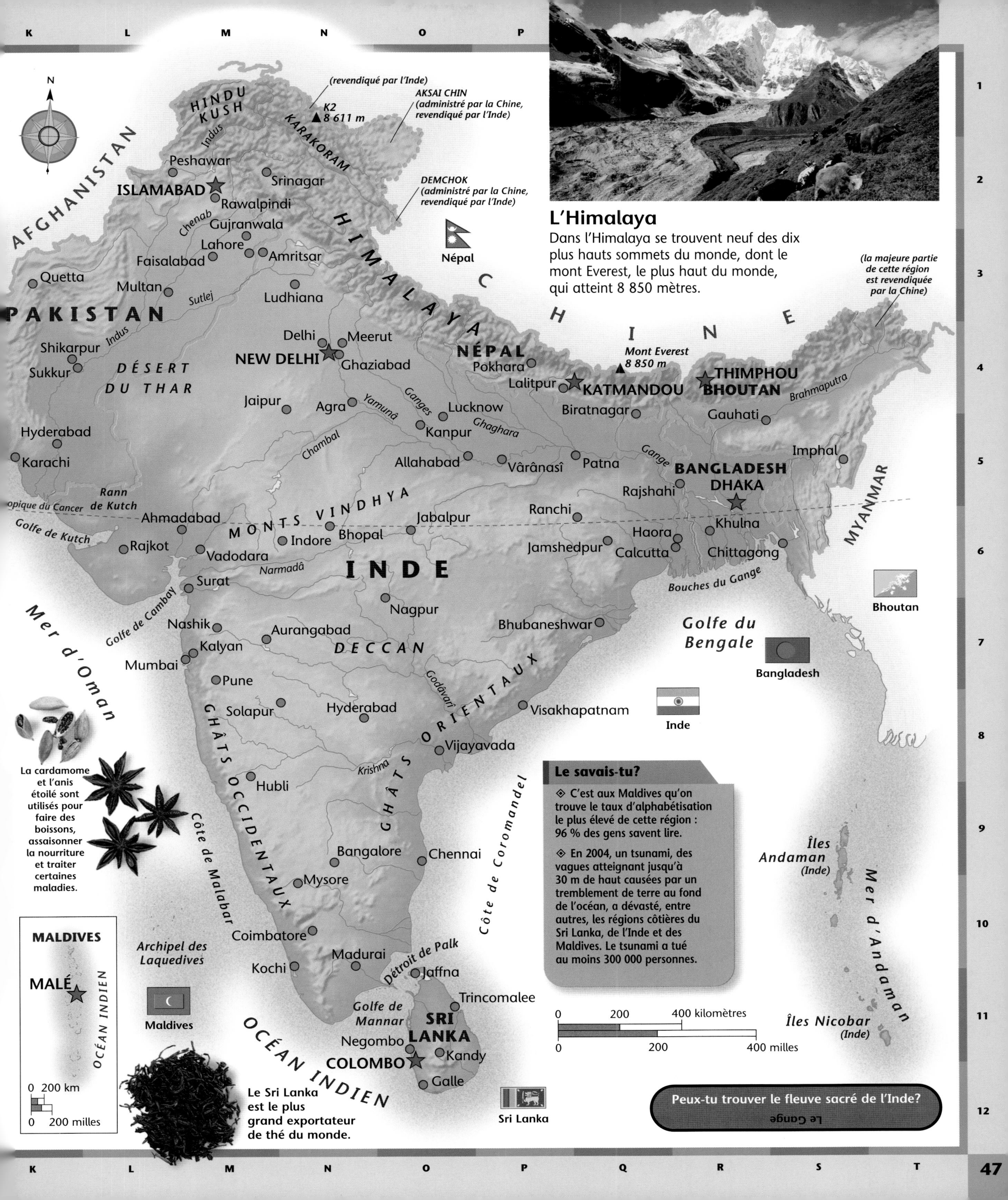

L'Himalaya

Dans l'Himalaya se trouvent neuf des dix plus hauts sommets du monde, dont le mont Everest, le plus haut du monde, qui atteint 8 850 mètres.

Le savais-tu?

- C'est aux Maldives qu'on trouve le taux d'alphabétisation le plus élevé de cette région : 96 % des gens savent lire.
- En 2004, un tsunami, des vagues atteignant jusqu'à 30 m de haut causées par un tremblement de terre au fond de l'océan, a dévasté, entre autres, les régions côtières du Sri Lanka, de l'Inde et des Maldives. Le tsunami a tué au moins 300 000 personnes.

Asie de l'Est

ASIE

Une grande part du territoire de l'Asie de l'Est se caractérise par de hautes montagnes, des déserts ou des steppes. Dans certaines régions éloignées, les villes sont situées très loin les unes des autres, et le climat est extrême. Dans le sud-est de la région, le paysage montagneux fait place à de larges vallées fluviales et des plaines ouvertes. À l'est, le Japon, dont le territoire est accidenté et montagneux, est l'un des pays les plus riches du monde. Il ne possède pas beaucoup de ressources naturelles et doit donc les importer. Il est reconnu pour la fabrication d'équipement électronique de pointe, en plus d'être un chef de file mondial de l'industrie automobile. La Chine et la Corée du Sud ont aussi maintenant une économie solide.

Pays
Chine
Corée du Nord
Corée du Sud
Japon
Mongolie
Taïwan

Le savais-tu?

- La ville de Tokyo, capitale du Japon, est actuellement la ville la plus peuplée du monde.
- Seulement 15 % des terres japonaises peuvent être cultivées, mais le Japon réussit tout de même à produire suffisamment de riz pour nourrir sa population.

KAZAKHSTAN
ALTAI
DÉPRESSION DE DZOUGARIE
Ürümqi
KIRGHIZISTAN
TIAN SHAN
TADJIKISTAN
BASSIN DU TARIM
(Revendiqué par l'Inde)
DÉSERT DE TAKLA-MAKAN
PAKISTAN
K2 8 611 m
MASSIF DES KUNLUN
ALTUN SHAN
QILIAN SHA
BASSIN DU TSAIDAM
(Administré par la Chine, revendiqué par l'Inde)
(Administré par la Chine, revendiqué par l'Inde)
INDE
PLATEAU DU TIBET
HIMALAYA
Tibet
Salween
NÉPAL
Brahmapoutre
Lhasa
Mont Everest 8 850 m
BHOUTAN
INDE
MYANMAR
Mékong
LA
C

Chine

La Grande Muraille de Chine

La Grande Muraille de Chine est l'une des plus grandes constructions du monde. Son point de départ se trouve près de la côte chinoise, et elle s'étend vers l'intérieur des terres, dans le nord de la Chine, sur plus de 6 400 km. La construction de ce mur gigantesque a débuté en 2000 av. J.-C. et a duré dix ans. Il devait empêcher les envahisseurs provenant du Nord, comme les Mongols, d'entrer en Chine.

Le savais-tu?

- En Chine, la langue officielle est le mandarin. C'est la langue la plus parlée dans le monde.
- Plus du cinquième de la population mondiale se trouve en Chine. Les gens vivent surtout dans le sud-est du pays.
- Dans certaines régions de la Mongolie, la température peut tomber à -59 °C, ce qui est aussi froid qu'en Arctique.

Les plantes médicinales traditionnelles, comme ces baies de Gogi, sont utilisées en Chine depuis plus de 4 500 ans.

Le panda géant

Le panda géant est l'un des animaux les plus menacés d'extinction au monde. On n'en compte plus qu'environ 1 600 en liberté. Les pandas font partie de la famille des carnivores (animal qui mange de la viande) même si leur régime est composé à 99 % de bambou. Ils vivent dans d'épaisses forêts de bambou au centre de la Chine et passent près de 14 heures par jour à manger!

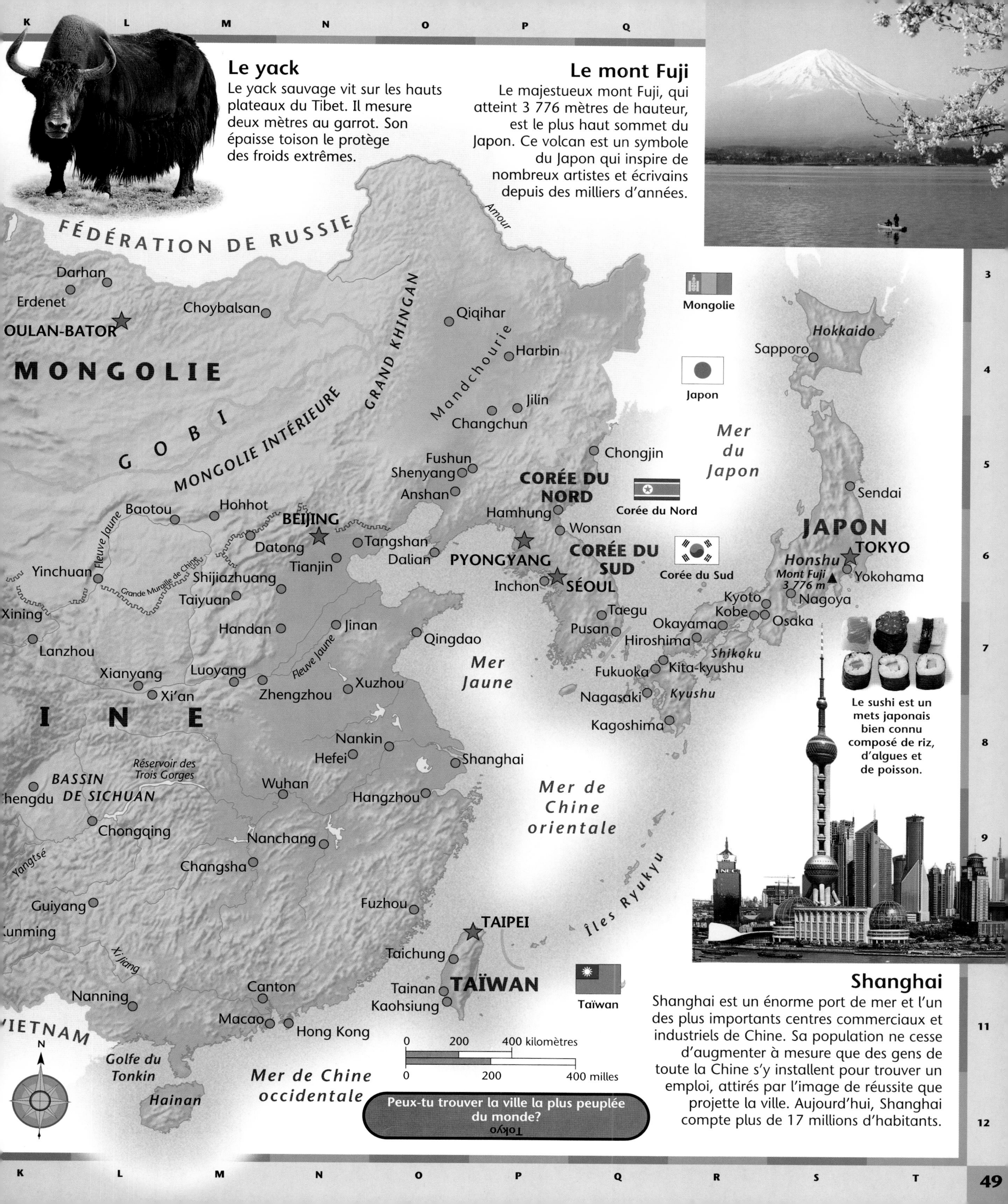

Le yack

Le yack sauvage vit sur les hauts plateaux du Tibet. Il mesure deux mètres au garrot. Son épaisse toison le protège des froids extrêmes.

Le mont Fuji

Le majestueux mont Fuji, qui atteint 3 776 mètres de hauteur, est le plus haut sommet du Japon. Ce volcan est un symbole du Japon qui inspire de nombreux artistes et écrivains depuis des milliers d'années.

Le sushi est un mets japonais bien connu composé de riz, d'algues et de poisson.

Shanghai

Shanghai est un énorme port de mer et l'un des plus importants centres commerciaux et industriels de Chine. Sa population ne cesse d'augmenter à mesure que des gens de toute la Chine s'y installent pour trouver un emploi, attirés par l'image de réussite que projette la ville. Aujourd'hui, Shanghai compte plus de 17 millions d'habitants.

Pays

- Brunei
- Cambodge
- Indonésie
- Laos
- Malaisie
- Myanmar (Birmanie)
- Philippines
- Singapour
- Thaïlande
- Timor oriental
- Vietnam

Le savais-tu?

◈ Le rubis, pierre précieuse rouge, provient de mines de Birmanie. Les rubis de Birmanie sont les plus précieux du monde.

◈ À Singapour, il est illégal de vendre de la gomme à mâcher ou de jeter des déchets par terre.

◈ Certaines rizières en terrasse des Philippines ont plus de 2 000 ans et produisent encore du riz de nos jours.

L'orang-outan

Ce mammifère, seul grand singe de l'Asie, est en danger d'extinction à cause de la destruction de son habitat et de la capture des jeunes orangs-outans, vendus comme animaux de compagnie. Les orangs-outans se nourrissent principalement de fruits, mais peuvent aussi manger des feuilles, de jeunes pousses, des insectes et, à l'occasion, de petits animaux et des œufs.

Le savais-tu?

◈ Les chats siamois sont originaires de la Thaïlande. On l'appelait autrefois le Siam.

Le savais-tu?

◈ Angkor Wat, au Cambodge, est le plus grand monument religieux du monde. Le temple date de 1113. Il est toutefois demeuré inconnu en Occident pendant 600 ans. C'est le naturaliste français Henri Mouhot qui l'a visité en 1861 et qui l'a ainsi fait connaître.

Singapour

Singapour est une Cité-État composée d'une île principale (l'île de Singapour) et de 62 autres îles. C'est le plus important port de l'Asie du Sud-Est, l'un des plus grands centres de raffinage du pétrole au monde, et un chef de file mondial de la construction et de la réparation de navires. L'industrie technologique y occupe aussi une grande place.

Le savais-tu?

◈ Les agriculteurs malais avaient autrefois l'habitude de fêter la fin de la récolte du riz par un concours de cerfs-volants. Aujourd'hui, un grand festival de cerfs volants est organisé chaque année en Malaisie.

Les rizières

Le riz est cultivé partout en Asie du Sud-Est. Le climat y est idéal puisque la culture du riz exige beaucoup d'eau et de chaleur. Le riz pousse dans des rizières, et chaque champ est entouré d'un mur, ce qui permet de l'inonder. Sur les collines escarpées, les rizières sont organisées en terrasses.

Myanmar (Birmanie)
Laos
Vietnam
Thaïlande
Malaisie
Cambodge
Singapour

Hkakabo Razi 5 885 m
INDE
CHINE
BANGLADESH
Tropique du Cancer
Chindwin
Irrawaddy
MYANMAR
Mandalay
PLATEAU DE SHAN
Meiktila
Taunggyi
Sittwe
Magwe
NAYPYIDAW
Golfe du Bengale
Prome
Salween
Rangoun
Pegu
Bassein
Moulmein
Bouches de l'Irrawaddy
Golfe du Martaban
Tavoy
LAOS
HANOÏ
Haiphong
Nam Dinh
Louangphabang
Vinh
VIENTIANE
CORDILLÈRE ANNAMITIQUE
VIETNAM
Chiang Mai
Udon Thani
Mékong
Huê
Da Nang
THAÏLANDE
Nakhon Ratchasima
Pakxe
BANGKOK
Chon Buri
Angkor Wat
Tonlé Sap
Batdambang
CAMBODGE
Nha Trang
Archipel Mergui
Isthme de Kra
PHNOM PENH
Golfe de Thaïlande
Biên Hoa
Ho Chi Minh
My Tho
Rach Gia
Can Tho
Île Samui
Mer d'Andaman
Île Phuket
Hat Yai
Péninsule Malaise
Mer de Chine occidentale
Banda Aceh
Kuala Terengganu
Ipoh
KUALA LUMPUR
Îles Natuna
Medan
Détroit de Malacca
Lac Toba
Klang
MALAISIE
Johor Bahru
Mer de Natuna
Kuching
Équateur
Pekanbaru
SINGAPOUR
Pontianak
MONTS BARISAN
Sumatra
OCÉAN INDIEN
Padang
Îles Mentawai
Jambi
Bangka
Grandes îles de la Sonde
Bengkulu
Palembang
INDONÉSIE
Bandarlampung
JAKARTA
Tangerang
Semarang
Bogor
Bandung
Java
Yogyakarta

0 250 500 kilomètres
0 250 500 milles

B C D E F G H I J
6 7 8 9 10 11 12

Asie du Sud-Est

ASIE

Le territoire de l'Asie du Sud-Est est principalement montagneux et couvert d'une forêt dense. La région se caractérise par un climat tropical et des moussons — la moitié de l'année, le temps est humide, et l'autre moitié, le temps est sec. La plupart des gens vivent dans les vallées fluviales, dans les plaines fertiles du continent ou sur les îles, près des côtes. Certaines îles ne sont pas peuplées, tandis que d'autres, comme Java, comptent un grand nombre d'habitants. Des centaines de langues sont parlées dans cette région. Les personnes qui y vivent appartiennent à de nombreuses cultures et pratiquent diverses religions. La principale industrie est la transformation de matières premières, comme le pétrole, les minerais, le bois d'œuvre et les aliments. Récemment, la fabrication de matériel électronique et d'ordinateurs a pris de l'importance.

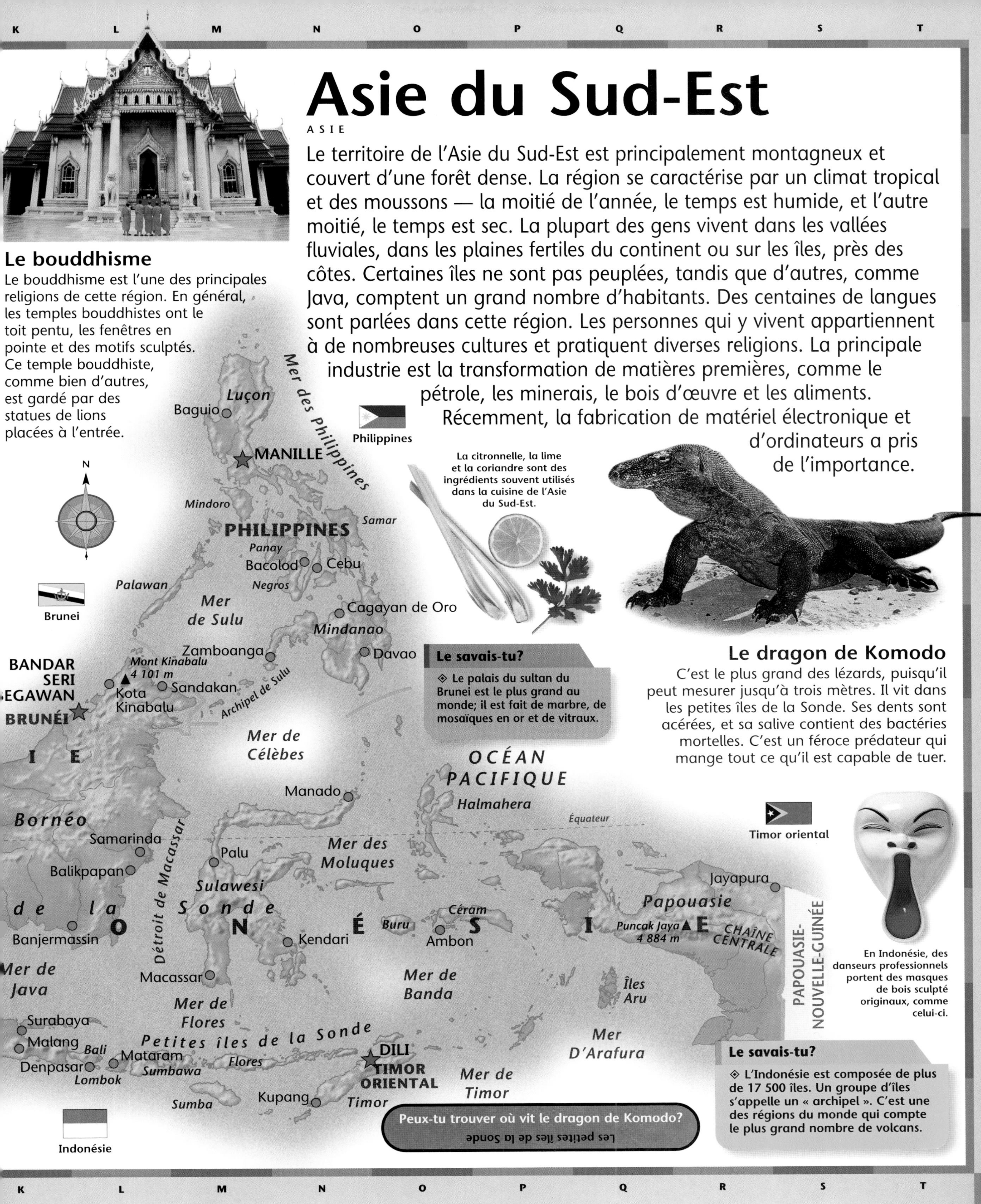

Le bouddhisme

Le bouddhisme est l'une des principales religions de cette région. En général, les temples bouddhistes ont le toit pentu, les fenêtres en pointe et des motifs sculptés. Ce temple bouddhiste, comme bien d'autres, est gardé par des statues de lions placées à l'entrée.

La citronnelle, la lime et la coriandre sont des ingrédients souvent utilisés dans la cuisine de l'Asie du Sud-Est.

Le dragon de Komodo

C'est le plus grand des lézards, puisqu'il peut mesurer jusqu'à trois mètres. Il vit dans les petites îles de la Sonde. Ses dents sont acérées, et sa salive contient des bactéries mortelles. C'est un féroce prédateur qui mange tout ce qu'il est capable de tuer.

Le savais-tu?

◈ Le palais du sultan du Brunei est le plus grand au monde; il est fait de marbre, de mosaïques en or et de vitraux.

En Indonésie, des danseurs professionnels portent des masques de bois sculpté originaux, comme celui-ci.

Le savais-tu?

◈ L'Indonésie est composée de plus de 17 500 îles. Un groupe d'îles s'appelle un « archipel ». C'est une des régions du monde qui compte le plus grand nombre de volcans.

Peux-tu trouver où vit le dragon de Komodo?

Les petites îles de la Sonde

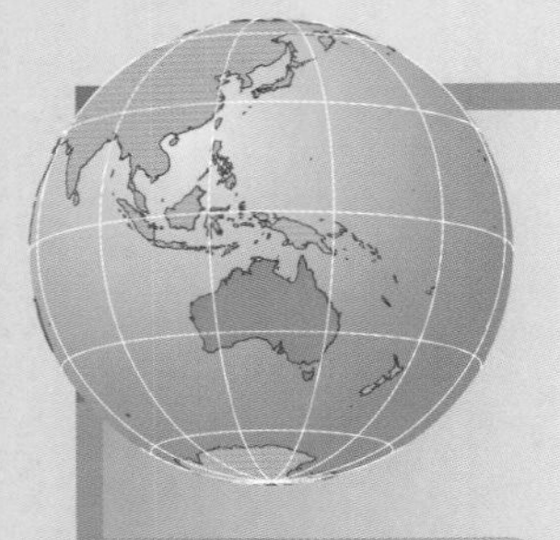

Australie

OCÉANIE

Cet immense pays est en grande partie recouvert d'un désert, qui est si chaud et si sec qu'il est impossible d'y vivre ou d'y cultiver quoi que ce soit. Les parties les plus sauvages, les plus sèches et les plus reculées du désert australien sont parfois appelées l'« outback ». L'Australie compte 20 millions d'habitants, dont la plupart vivent dans les villes situées sur la côte, comme Brisbane, Melbourne et Sydney, dans l'est, et Perth, dans le sud-ouest. Les premiers habitants de ce continent étaient les Aborigènes australiens. Aujourd'hui, la plupart des Australiens sont des descendants d'Européens qui se sont installés dans ce pays à partir du XVIIIe siècle. L'Australie a l'une des plus importantes industries minières du monde. On y trouve des mines de cuivre, d'or, d'opales et de charbon. Parmi les autres industries importantes de l'Australie, notons le tourisme et la viniculture. Les vins australiens de grande qualité sont exportés partout dans le monde.

Pays

Australie

Le savais-tu?

- La plus longue clôture du monde, 5 320 km de long, se situe en Australie. Elle a été construite pour protéger les moutons des chiens sauvages, les dingos.
- Il y a plus de 103 millions de moutons dans les fermes de l'Australie.

En tout, 97 % des opales, pierres semi-précieuses, se trouvent en Australie.

OCÉAN INDIEN
PLATEAU DE KIMBERLEY
Broome
GRAND DÉSERT DE SABLE
Port Hedland
Dampier
MONTS HAMERSLEY
Lac Mackay
Désert de Gibson
Tropique du Capricorne
AU
AUSTRALIE-OCCIDENTALE
GRAND DÉSERT VICTORIA
Geraldton
Kalgoorlie
PLAINE
Perth
Fremantle
Mandurah
Bunbury
Cap Leeuwin
Albany
Grande B
OCÉA
0 200 400 kilomètres
0 200 400 milles

Uluru

Le magnifique rocher qu'on appelle Uluru est le sommet d'une immense montagne de grès enfouie sous le désert, dans le Territoire du Nord. Uluru est aussi connu sous le nom d'Ayers Rock.
Il s'agit du plus gros rocher du monde. Uluru s'élève à presque 350 mètres au-dessus des terres qui l'entourent, et sa circonférence à la base est de 9,4 km. Ce rocher ancien est un lieu sacré pour de nombreux Aborigènes australiens.

Le kangourou

Les kangourous sont des mammifères qui font partie de la famille des marsupiaux. Les femelles portent leurs petits dans une poche. Parmi les autres marsupiaux qui vivent en Australie, il y a les wallabies, les opossums et les koalas. Les seuls mammifères qui pondent des œufs — l'ornithorynque et l'échidné — vivent également en Australie. On les appelle des monotrèmes.

Où trouve-t-on des centaines de récifs de corail?

La Grande Barrière, sur la côte est de l'Australie

Le savais-tu?

- L'Australie est la plus grande île du monde. Sa superficie est de 7 631 668 km².
- Elle est traversée par le tropique du Capricorne.

La Grande Barrière

La Grande Barrière est formée de plus de 2 800 récifs de corail, et plus de 1 500 espèces de poissons y vivent. Elle occupe une zone immense : 350 000 kilomètres carrés. Elle est si grande qu'on peut la voir de l'espace.

Le koala

Le koala est un mammifère appartenant à la famille des marsupiaux qui vit dans les eucalyptus et qui en mange les feuilles. Actuellement, on coupe un grand nombre de ces arbres pour construire des routes et des immeubles. Le koala est donc maintenant une espèce en voie de disparition.

Le savais-tu?

- Environ 140 espèces de serpents terrestres et 32 espèces de serpents marins vivent en Australie.
- Le taïpan du désert est parmi les serpents terrestres dont le venin est le plus puissant. Le venin d'une seule morsure pourrait tuer 100 personnes.

L'Opéra de Sydney

Sydney est la ville la plus grande et la plus ancienne de l'Australie, et l'Opéra de Sydney est l'un des plus célèbres édifices au monde. Plus de 100 millions de personnes l'ont visité.

Îles du Pacifique

OCÉANIE

Il y a des milliers d'îles dans l'océan Pacifique, et les habitants de chacune de ces îles ont leur culture et leur langue bien à eux. Les îles sont traditionnellement divisées en trois groupes : la Mélanésie, la Micronésie et la Polynésie. Les premiers habitants de cette région se sont installés sur l'île de la Nouvelle-Guinée il y a plus de 40 000 ans. Au XIXe siècle, les îles ont été colonisées par des Européens, qui ont apporté leur culture, leur langue et leur religion. La plupart des îles font maintenant partie de pays indépendants. Ces pays tirent leur revenu de l'agriculture et de la pêche, et, dans une moindre mesure, du tourisme. Les îles exportent également le copra, qui est la chair de la noix de coco. Avec le copra, on fait de l'huile de coco, que l'on utilise pour fabriquer du savon et des cosmétiques.

Pays

- Fidji
- Îles Marshall
- Îles Salomon
- Kiribati
- Micronésie
- Nauru
- Palaos
- Papouasie-Nouvelle-Guinée
- Samoa
- Tonga
- Tuvalu
- Vanuatu

L'oignon, la lime, le gingembre, l'ail et le jus de citron sont tous des ingrédients traditionnels d'un grand nombre de plats des îles du Pacifique Sud.

Le savais-tu?

◈ Nauru est la plus petite république du monde, et elle a une superficie de seulement 21 km².

◈ Dans les îles du Pacifique, on mange des aliments cuits à l'étouffée, dont le porc, lors de célébrations.

Micronésie

Palaos

Papouasie-Nouvelle-Guinée

Îles Salomon

Vanuatu

La pêche

Les peuples des îles du Pacifique pratiquent la pêche surtout pour se nourrir. Toutefois, de grands bateaux de pêche du Japon, de la Corée du Sud, de Taïwan et des États-Unis viennent également pêcher beaucoup de poissons dans le nord du Pacifique. Le thon est un poisson d'une grande valeur, et les plus beaux spécimens peuvent être vendus pour des milliers de dollars, surtout au Japon. Aujourd'hui, on utilise de longues lignes de pêche, plutôt que des filets, pour la pêche commerciale du thon.

Le kangourou arboricole de Doria

Neuf des onze espèces de kangourous arboricoles vivent dans la forêt tropicale de l'île de la Nouvelle-Guinée. Les deux autres espèces vivent en Australie. Le kangourou arboricole de Doria est le plus grand. Il peut peser jusqu'à 13 kilos. Il fait partie de la famille des marsupiaux.

Le savais-tu?

◈ L'océan Pacifique connaît une grande activité volcanique. L'éruption de volcans sous la mer a formé la plupart des îles du Pacifique.

La Papouasie-Nouvelle-Guinée

La Nouvelle-Guinée est la deuxième île en importance au monde. La Papouasie-Nouvelle-Guinée en occupe la moitié la plus à l'est. Ce pays est également composé de plusieurs petites îles. Environ 80 % de la population vit en groupes à l'extérieur des villes. Les gens vivent de la même façon qu'il y a des centaines d'années, dans le respect de leurs coutumes, de leurs croyances et de leurs modes de vie traditionnels.

Le savais-tu?

◈ La Papouasie-Nouvelle-Guinée est le pays dont la population est la plus variée sur le plan ethnique, et on y parle plus de 820 langues.

◈ La canne à sucre est probablement apparue en Nouvelle-Guinée, une partie de la Papouasie-Nouvelle-Guinée.

◈ Le cocotier est appelé « l'arbre de la vie » par les insulaires, car chaque partie de cet arbre peut être utilisée.

Les cyclones

Chaque année, des cyclones se déchaînent sur les îles du Pacifique. Ces vents violents, qui peuvent atteindre plus de 120 kilomètres à l'heure, causent souvent de graves dommages. Dans d'autres parties du monde, on appelle ces tempêtes des typhons ou des ouragans. Les palmiers, qui se plient dans le vent, réussissent à survivre aux cyclones.

L'agriculture

Un grand nombre des îles du Pacifique sont montagneuses, mais les gens font pousser certains aliments le long de la côte. Les noix de coco, les patates douces et les bananes poussent bien dans le climat chaud et humide du Pacifique. Le cacao et le café sont tous deux des produits agricoles importants en Papouasie-Nouvelle-Guinée.

La tortue verte

Ces tortues en voie de disparition vivent dans les eaux chaudes du Pacifique. Elles sont parmi les plus grandes tortues et peuvent mesurer jusqu'à 1,5 mètre. Les adultes mangent des plantes marines et des algues, mais les jeunes se régalent de méduses, de crustacés et d'éponges.

Le savais-tu?

◈ En Papouasie-Nouvelle-Guinée et dans les autres îles de la Mélanésie, les habitants utilisent le « tok pisin », langue créée à partir de l'anglais, pour communiquer entre eux, car chaque communauté parle une langue différente.

La Polynésie

La magnifique île de Bora Bora est située en Polynésie française, qui est un territoire d'outre-mer de la France. Bora Bora est l'une des principales destinations touristiques de la Polynésie française. Son sommet le plus élevé est le mont Otemanu, qui fait 727 mètres d'altitude.

Peux-tu trouver le pays où l'on parle plus de 820 langues?

Papouasie-Nouvelle-Guinée

Nouvelle-Zélande

OCÉANIE

Pays

Nouvelle-Zélande

Ce pays situé dans le sud-ouest de l'océan Pacifique a environ la même taille que le Royaume-Uni. Il est constitué de deux îles principales — l'île du Nord et l'île du Sud — et de plusieurs îles plus petites. La Nouvelle-Zélande est bien connue pour ses paysages spectaculaires. On peut y admirer des montagnes, des volcans, de longues plages de sable, des fjords profonds et des forêts tropicales luxuriantes. Les hivers sont frais, et les étés sont chauds, mais il pleut toute l'année. La Nouvelle-Zélande est l'un des pays les moins peuplés du monde et ne compte que 4,25 millions d'habitants. Les premiers à s'y installer, il y a environ 1 000 ans, étaient des Polynésiens. On les appelle maintenant les Maoris. Au cours des 160 dernières années, des gens de nombreux pays se sont installés en Nouvelle-Zélande. Le tourisme, la pêche et la fabrication de produits de haute technologie sont des industries importantes.

Auckland

La plus grande ville de la Nouvelle-Zélande est Auckland, et environ le tiers de la population du pays y habite. Plus de 60 % des habitants de cette ville sont des descendants d'Européens et 11 % sont des Maoris. C'est une ville très populaire auprès des immigrants. Aucun habitant d'Auckland n'habite à plus d'une demi-heure de la plage, et le climat y est doux toute l'année.

Le savais-tu?

- La Nouvelle-Zélande a été l'un des derniers endroits sur Terre à être habité par les humains.
- Près du tiers de la Nouvelle-Zélande est recouvert de forêts dans lesquelles poussent des espèces d'arbres rares et uniques comme les pins de kauri, qui sont parmi les plus vieux arbres du monde.
- La vinification est une industrie en plein essor. Les vins néo-zélandais sont exportés partout dans le monde.

Cette sculpture tiki faite par les Maoris est en bois et représente le premier homme. Les sculptures tiki sont considérées comme de puissants porte-bonheur.

L'observation de baleines

Près de la ville de Kaikoura, sur la côte est de l'île du Sud, se trouve l'un des meilleurs endroits pour observer des baleines et des dauphins à l'état sauvage. Les baleines, les dauphins et les phoques de la Nouvelle-Zélande sont protégés. Des visiteurs de partout dans le monde se rendent à Kaikoura pour les voir. La baleine est un symbole spirituel pour les Maoris.

L'Aoraki/le mont Cook

La plus haute montagne en Nouvelle-Zélande est l'Aoraki, aussi appelé mont Cook, dans les Alpes néo-zélandaises. Il s'élève à 3 754 mètres d'altitude. Selon la légende maorie, ces montagnes sont Aoraki et ses trois frères, les fils du Père ciel. Ils se sont perdus en canot et ont été gelés par le vent froid venu du sud. Leur canot est devenu l'île du Sud.

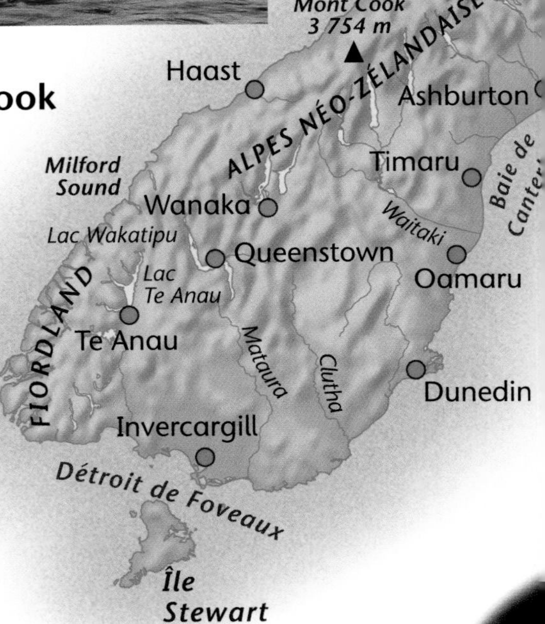

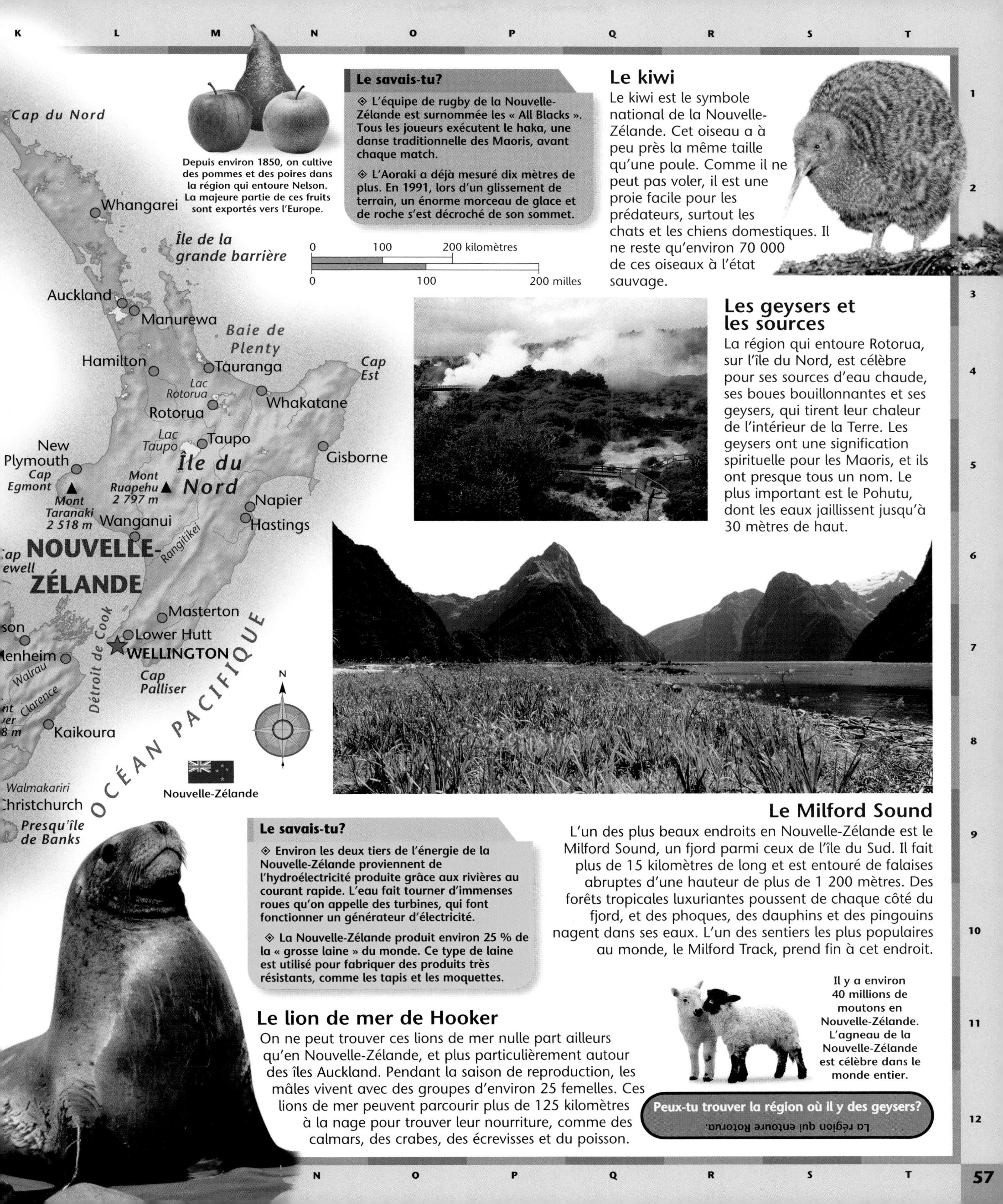

Depuis environ 1850, on cultive des pommes et des poires dans la région qui entoure Nelson. La majeure partie de ces fruits sont exportés vers l'Europe.

Le savais-tu?

◈ L'équipe de rugby de la Nouvelle-Zélande est surnommée les « All Blacks ». Tous les joueurs exécutent le haka, une danse traditionnelle des Maoris, avant chaque match.

◈ L'Aoraki a déjà mesuré dix mètres de plus. En 1991, lors d'un glissement de terrain, un énorme morceau de glace et de roche s'est décroché de son sommet.

Le kiwi

Le kiwi est le symbole national de la Nouvelle-Zélande. Cet oiseau a à peu près la même taille qu'une poule. Comme il ne peut pas voler, il est une proie facile pour les prédateurs, surtout les chats et les chiens domestiques. Il ne reste qu'environ 70 000 de ces oiseaux à l'état sauvage.

Les geysers et les sources

La région qui entoure Rotorua, sur l'île du Nord, est célèbre pour ses sources d'eau chaude, ses boues bouillonnantes et ses geysers, qui tirent leur chaleur de l'intérieur de la Terre. Les geysers ont une signification spirituelle pour les Maoris, et ils ont presque tous un nom. Le plus important est le Pohutu, dont les eaux jaillissent jusqu'à 30 mètres de haut.

Le Milford Sound

L'un des plus beaux endroits en Nouvelle-Zélande est le Milford Sound, un fjord parmi ceux de l'île du Sud. Il fait plus de 15 kilomètres de long et est entouré de falaises abruptes d'une hauteur de plus de 1 200 mètres. Des forêts tropicales luxuriantes poussent de chaque côté du fjord, et des phoques, des dauphins et des pingouins nagent dans ses eaux. L'un des sentiers les plus populaires au monde, le Milford Track, prend fin à cet endroit.

Le savais-tu?

◈ Environ les deux tiers de l'énergie de la Nouvelle-Zélande proviennent de l'hydroélectricité produite grâce aux rivières au courant rapide. L'eau fait tourner d'immenses roues qu'on appelle des turbines, qui font fonctionner un générateur d'électricité.

◈ La Nouvelle-Zélande produit environ 25 % de la « grosse laine » du monde. Ce type de laine est utilisé pour fabriquer des produits très résistants, comme les tapis et les moquettes.

Il y a environ 40 millions de moutons en Nouvelle-Zélande. L'agneau de la Nouvelle-Zélande est célèbre dans le monde entier.

Le lion de mer de Hooker

On ne peut trouver ces lions de mer nulle part ailleurs qu'en Nouvelle-Zélande, et plus particulièrement autour des îles Auckland. Pendant la saison de reproduction, les mâles vivent avec des groupes d'environ 25 femelles. Ces lions de mer peuvent parcourir plus de 125 kilomètres à la nage pour trouver leur nourriture, comme des calmars, des crabes, des écrevisses et du poisson.

Peux-tu trouver la région où il y des geysers?

La région qui entoure Rotorua.

L'ours polaire

Il y a de 21 000 à 25 000 ours polaires dans l'Arctique. Ces animaux sont maintenant une espèce menacée. Plus la banquise de l'Arctique fond, plus les ours polaires ont de la difficulté à chasser parce qu'ils doivent parcourir de plus grandes distances à la nage pour trouver de la glace solide. De nombreux ours polaires meurent durant leur quête de nourriture.

Le savais-tu?

◈ L'océan Arctique est le plus petit océan du monde. Il fait seulement environ 14 millions de km².

◈ D'ici 2030, l'Arctique pourrait connaître des étés sans glace parce qu'une grande quantité fond pendant l'été, et que l'eau ne regèle pas l'hiver suivant.

Les Inuits survivaient jadis en pêchant, en gardant des troupeaux et en chassant la baleine, l'ours polaire et le phoque. Bon nombre d'entre eux portent, encore aujourd'hui, des vêtements de fourrure pour se garder au chaud.

Arctique

ASIE, EUROPE ET AMÉRIQUE DU NORD

L'Arctique est une région immense au centre de laquelle se trouve le pôle Nord. L'Arctique n'est ni un continent ni un pays. Cette région comprend l'océan Arctique et les parties les plus au nord de l'Asie, de l'Amérique du Nord et de l'Europe. Durant l'hiver, une grande partie de l'océan Arctique est recouverte d'une banquise d'environ quatre mètres d'épaisseur. Durant les courts étés, la glace fond et la banquise rétrécit. Elle reprend de l'ampleur quand l'hiver revient et que la température chute sous les -60 °C. Même si le climat est froid, il y a des gens qui vivent en Arctique depuis des milliers d'années. Les peuples saami et inuit étaient initialement des nomades qui ont survécu en gardant des troupeaux d'animaux et en chassant. Aujourd'hui, la plupart de ces gens vivent dans de nouveaux villages, mais certains ont gardé un mode de vie traditionnel.

Les aurores boréales

Les aurores boréales sont causées par des vents solaires qui réagissent avec la haute atmosphère de la Terre. Ces splendides couleurs qui illuminent le ciel peuvent également être aperçues près du pôle Sud, où elles portent le nom d'aurores australes.

9
10
11
12

Antarctique

ANTARCTIQUE

L'Antarctique arrive au cinquième rang des continents pour la taille, et il est presque deux fois plus grand que les États-Unis. Le climat en Antarctique est froid et rigoureux. C'est l'endroit le plus venteux sur Terre. Le continent est presque entièrement recouvert d'une couche de glace. En moyenne, la glace fait 1,6 kilomètre d'épaisseur, et s'y trouve depuis des milliers d'années. Cette glace contient une grande partie de l'eau douce de la planète. Sous la glace, la terre contient du pétrole et d'autres minéraux, comme de l'or, du minerai de fer et du charbon. Souvent, d'immenses morceaux de glace se détachent et se mettent à flotter librement; ce sont des icebergs. Dans le but de protéger cette nature sauvage et les espèces qui y vivent, 46 pays ont signé une entente qu'on appelle le Traité sur l'Antarctique. Ils acceptent de ne pas se livrer à des activités minières et de ne pas installer de stations militaires dans cette région. L'Antarctique est le seul continent où aucun humain n'habite toute l'année.

La science du froid

Des groupes de scientifiques, de touristes et d'explorateurs ont le droit de visiter l'Antarctique. On étudie beaucoup de choses dans cette région, dont les moyens de survie des plantes et des animaux.

Les baleines à bosse et d'autres baleines visitent les mers glacées de l'Antarctique. Le mouvement de la baleine qui saute hors de l'eau s'appelle « breaching ».

Le savais-tu?

- **Pendant l'hiver, la température en Antarctique peut descendre sous les -80 °C.**
- **L'Antarctique est particulier parce qu'il n'appartient à aucun pays.**

OCÉAN AUSTRAL
Cercle antarctique
Baie Lützow-Holm
Terre de la Reine-Maud
Terre Enderby
Mer de Weddell
Terre de Coats
PÉNINSULE ANTARCTIQUE
Île Berkner
Île Alexandre
BARRIÈRE DE RONNE
Baie Mackenzie
ANTARCTIQUE
Mer de Bellingshausen
Île Pierre-1er (Norvège)
Massif Vinson 4897m
Pôle Sud
MONTS TRANSANTARCTIQUES
Terre Guillaume II
ANTARCTIQUE OCCIDENTAL
Montagnes de la Reine-Maud
ANTARCTIQUE ORIENTAL
Île Thurston
Mer Amundsen
Terre Marie-Byrd
Terre de Wilkes
Île Carney
BARRIÈRE DE ROSS
Mont Erebus 3 794 m
Terre Victoria
Baie Sulzberger
Mer de Ross
Terre Adélie
Terre George-V
0 — 500 kilomètres
0 — 500 milles

Le manchot empereur

Les seuls manchots qui se reproduisent en Antarctique pendant les hivers glacials et durs sont les manchots empereurs. Ils pèsent plus de 30 kilos et mesurent 1,2 mètre. Ce sont les plus grands manchots. Ils parcourent jusqu'à 120 kilomètres pour atteindre leur lieu de reproduction.

Peux-tu trouver le seul continent où aucun humain ne vit en permanence?

Antarctique

Le savais-tu?

- **Le poids de la glace en Antarctique a poussé le continent sous le niveau de la mer.**

Index des cartes

L'atlas compte deux index : l'Index des cartes, à la page 60, et l'Index général, à la page 68.
Index des noms de lieux
L'Index des cartes est une liste de tous les noms qui figurent sur les cartes. Chaque nom est suivi d'une description du lieu, de son emplacement, du numéro de page, et d'un code (lettre et numéro) qui correspond à un point sur la carte. Le nom des villes n'est pas suivi d'une description.

nom description emplacement

Anatolie région physique Turquie 10 D5

numéro de page
code (lettre et numéro)

Pour trouver notre exemple, l'« Anatolie », rends-toi d'abord à la page indiquée page 10, puis trouve la lettre « D » et le numéro « 5 » sur le bord de la page. Avec un doigt, trace une ligne verticale en partant du « D ». En même temps, avec l'autre main, trace une ligne horizontale en partant du numéro « 5 ». Les deux lignes se rencontreront précisément dans la case où se trouve l'« Anatolie ».

••A••

Aalborg Danemark 33 L10
Aasiat Groenland 58 B6
Aberdeen Écosse, R.-U. 35 O2
Abha Arabie saoudite 43 N10
Abidjan Côte d'Ivoire 28 H10
Abou Dhabi capitale Émirats arabes unis 43 Q8
Abuja capitale Nigéria 28 J10
Acapulco Mexique 24 G8
Accra capitale Ghana 28 H10
Achgabat capitale Turkménistan 45 K9
Aconcagua, Cerro montagne Argentine 27 O9
Açores archipel Portugal 34 I11
Ad Dahna désert Arabie saoudite 43 O7
Ad Damman Arabie saoudite 43 P7
Adana Turquie 43 L3
Addis-Abéba capitale Éthiopie 29 O9
Adelaïde capitale d'État Australie-Méridionale 53 M9
Aden Yémen 43 N12
Afghanistan pays C Asie 45 M10
Afrique continent 10 C7
Afrique du Sud pays S Afrique 30 J11
Agadez Niger 28 J8
Agra Inde 47 N4
Ahmadabad Inde 47 M6
Ahvaz Iran 43 O5
Ajaccio France 35 R9
Aksai Chin territoire contesté S Asie 47 O1
Aktau Kazakhstan 44 I6
Aktobe Kazakhstan 45 K4
Akureyri Islande 33 L1
Al Hufuf Arabie saoudite 43 P7
Al Mukalla Yémen 43 P11
Alabama État É.-U. 23 P8
Alaï chaîne de montagnes Kirghizistan/Tadjikistan 45 O8
Alaska État É.-U. 22 G9
Albacete Espagne 35 O11
Albanie pays SE Europe 39 M9
Albany Australie-Occidentale 52 G10
Albany capitale d'État New York, É.-U. 23 R5
Alberta province Canada 20 H7
Albuquerque Nouveau-Mexique, É.-U. 23 K8
Albury Nouvelle-Galles du Sud, Australie 53 O10
Aldan rivière Russie 41 O8
Alep Syrie 43 L4
Alexandrie Égypte 29 M5
Alger capitale Algérie 28 I4
Algérie pays N Afrique 28 I6
Alicante Espagne 35 O11
Alice Springs Territoire du Nord, Australie 53 L6
Al-Kût Irak 43 O5
Allahabad Inde 47 O5
Allemagne pays C Europe 37 M3
Almaty Kazakhstan 45 Q6
Alofi capitale Niue 55 N8
Alpes chaîne de montagnes C Europe 10 C4
Alpes australiennes chaîne de montagnes Australie 53 O10
Alpes néo-zélandaises chaîne de montagnes Nouvelle-Zélande 56 I9
Alpes transylvaniennes chaîne de montagnes Roumanie 39 O7
Altamira Brésil 27 Q4
Altun Shan chaîne de montagnes Chine 48 H6
Amazone fleuve C Amérique du Sud 27 Q4
Ambon Indonésie 51 O10
Amérique du Nord continent 11 O4
Amérique du Sud continent 11 R8
Amiens France 35 P5
Amman capitale Jordanie 43 L5
Amou Daria fleuve C Asie 45 M9
Amour fleuve Chine/Russie 10 I4
Amritsar Inde 47 M3
Amsterdam capitale Pays-Bas 35 Q4
An Nafud désert Arabie saoudite 43 M6
An Najaf Irak 43 N5
Anápolis Brésil 27 Q6
Anatolie région physique Turquie 10 D5
Anchorage Alaska, É.-U. 22 G10
Andes chaîne de montagnes O Amérique du Sud 27 M5
Andijan Ouzbékistan 45 P8
Andorre pays SO Europe 35 O9
Angara rivière Russie 41 K9
Angkor Wat site archéologique Cambodge 50 I5
Angleterre région nationale R.-U. 35 O4
Angola pays S Afrique 30 I7
Anguilla territoire du R.-U. Antilles 25 R7
Ankara capitale Turquie 43 K2
Annapolis capitale d'État Maryland, É.-U. 23 R6
Anshan Chine 49 O5
Antalya Turquie 43 K3
Antananarivo capitale Madagascar 31 O8
Antarctique continent 59 P8
Antarctique occidental région physique Antarctique 59 O9
Antarctique oriental région physique Antarctique 59 R9
Antigua-et-Barbuda pays Antilles 25 R7
Antilles archipel Amérique du Nord 11 R6
Antilles néerlandaises territoire des Pays-Bas Antilles 25 P9
Antofogasta Chili 27 N7
Anvers Belgique 35 Q5
Aoraki montagne Nouvelle-Zélande 56 I9
Apennins chaîne de montagnes Italie 37 M7
Apia capitale Samoa 55 N8
Appalaches chaîne de montagnes É.-U. 23 P7
Arabie saoudite pays SO Asie 43 N8
Aracaju Brésil 27 S5
Araguaia fleuve Brésil 27 Q5
Arak Iran 43 P4
Araxe rivière SO Asie 43 O3
Arbil Irak 43 N4
Archipel de la Nouvelle-Sibérie archipel Russie 41 N4
Archipel de Sulu archipel Philippines 51 M8
Archipel des Comores archipel SE Afrique 10 E8
Archipel des Laquedives archipel Inde 47 L10
Archipel des Maldives archipel S Asie 10 F7
Archipel du Prince-Édouard archipel Afrique du Sud 10 D10
Archipel Juan Fernandez archipel Chili 11 P10
Archipel Mergui archipel Birmanie 50 G6
Archipel philippin archipel SE Asie 10 I7
Arequipa Pérou 27 N6
Argentine pays S Amérique du Sud 27 O9
Arhus Danemark 33 L10
Arica Chili 27 N6
Arizona État É.-U. 22 I8
Arkansas État É.-U. 23 N7
Arkansas rivière É.-U. 23 N8
Arkhangelsk Russie 40 G6
Arménie pays SO Asie 43 N2
Árta Grèce 39 N10
Aruba territoire des Pays-Bas Antilles 25 P9
As Sib Oman 43 R8
Ashburton Nouvelle-Zélande 56 J9
Asie continent 10 H4
Asmara capitale Érythrée 29 O8
Assouan Égypte 29 N7
Astana capitale Kazakhstan 45 O3
Astrakhan Russie 40 E9
Asunción capitale Paraguay 27 P7
At Taif Arabie saoudite 43 M9
Athabasca rivière Canada 20 H8
Athènes capitale Grèce 39 O10
Atlanta capitale d'État Géorgie, É.-U. 23 P8
Atoll de Johnston territoire des É.-U. C océan Pacifique 55 N3
Atoll Palmyra territoire des É.-U. C océan Pacifique 55 O5
Atyraou Kazakhstan 44 J5
Auckland Nouvelle-Zélande 57 L3
Augusta capitale d'État Maine, É.-U. 23 S4
Aurangabad Inde 47 M7
Austin capitale d'État Texas, É.-U. 23 M9
Australie île 10 I9
Australie méridionale État Australie 53 L7
Australie occidentale État Australie 52 H6
Australie pays 52 J6
Autriche pays C Europe 37 O5
Avarua capitale Îles Cook 55 O9
Ayers Rock voir Uluru
Azerbaïdjan pays SO Asie 43 O2

••B••

Bab el-Mandeb détail hydrographique NO océan Indien 43 N12
Babeldaob île Palaos 54 H5
Bacau Roumanie 39 P6
Bacolod Philippines 51 N6
Bagdad capitale Irak 43 N5
Baghlan Afghanistan 45 O10
Baguio Philippines 51 M4
Bahamas archipel Antilles 11 Q6
Bahamas pays Antilles 25 N6
Bahía Blanca Argentine 27 P10
Bahía Grande détail hydrographique SO océan Atlantique 27 O11
Bahreïn pays SO Asie 43 P7
Baie de Baffin détail hydrographique NO océan Atlantique 58 B5
Baie de Campeche détail hydrographique Mexique 24 I7
Baie de Canterbury détail hydrographique Nouvelle-Zélande 56 J10
Baie de Fundy détail hydrographique Canada 21 P10
Baie de Plenty détail hydrographique Nouvelle-Zélande 57 M4
Baie d'Hudson détail hydrographique Canada 21 L7
Baie d'Ungava détail hydrographique Canada 21 O6
Baie James détail hydrographique Canada 21 M8
Baie Lützow-Holm détail hydrographique océan Austral 59 R7
Baie Mackenzie détail hydrographique océan Austral 59 S8
Baie Sulzberger détail hydrographique océan Antarctique 59 O11
Bairiki capitale Kiribati 55 L6
Bakou capitale Azerbaïdjan 43 P2
Bâle Suisse 37 L5
Bali île Indonésie 51 L11
Balikpapan Indonésie 51 L9
Balkanabat Turkménistan 44 J8
Balkh Afghanistan 45 N9
Ballarat Victoria, Australie 53 N10
Balsas fleuve Mexique 24 G7
Baltimore Maryland, É.-U. 23 R6
Bamako capitale Mali 28 G9
Bamiyan Afghanistan 45 N10
Banda Aceh Indonésie 50 F7
Bandar Seri Begawan capitale Brunei 51 L8
Bandar-e' Abbas Iran 43 R7
Bandar-e Bushehr Iran 43 P6
Bandarlampung Indonésie 50 I10
Bande de Gaza territoire contesté SO Asie 43 K5
Bandung Indonésie 50 J11
Bangalore Inde 47 N9
Bangka île Indonésie 50 I9
Bangkok capitale Thaïlande 50 H5
Bangladesh pays S Asie 47 R5
Bangui capitale République centrafricaine 29 L10
Banja Luka Bosnie-Herzégovine 39 L7
Banjermassin Indonésie 51 L10
Banjul capitale Gambie 28 F9
Banska Bystrica Slovaquie 37 Q5
Baotou Chine 49 M6
Barbade pays Antilles 25 S8
Barcelone Venezuela 27 O2
Barcelone Espagne 35 P9
Bari Italie 37 P9
Barinas Venezuela 27 N2
Barnaoul Russie 40 J10
Barquisimeto Venezuela 27 N2
Barranquilla Colombie 27 N2
Basra Irak 43 O6
Basse-Californie péninsule Mexique 24 D3
Bassein Birmanie 50 F4
Bassin de l'Amazone bassin C Amérique du Sud 27 O4
Bassin de Sichuan bassin Chine 49 K8
Bassin du Congo bassin C Afrique 30 J4
Bassin du Tarim bassin Chine 48 G5
Bassin du Tsaidam bassin Chine 48 I6
Batdambang Cambodge 50 I5
Bathurst Nouvelle-Galles du Sud, Australie 53 P9
Baton Rouge capitale d'État Louisiane, É.-U. 23 O9
Beijing Chine 49 N6
Beira Mozambique 31 M9
Bélarus pays E Europe 39 P2
Belèm Brésil 27 R4
Belfast capitale d'État Irlande du Nord, R.-U. 35 N3
Belgique pays NO Europe 35 Q5
Belgrade capitale Serbie 39 M7
Belize Belize 25 K8
Belize pays Amérique centrale 25 K8
Belmopan capitale Belize 25 K8
Belo Horizonte Brésil 27 R7
Bendigo Victoria, Australie 53 N10
Benghazi Libye 29 L5
Bengkulu Indonésie 50 H10
Bénin pays O Afrique 28 I9
Bergen Norvège 33 K8
Berlin capitale Allemagne 37 N2

Bermudes île O océan Atlantique 11 R5
Bermudes territoire du R.-U. O océan Atlantique 13 R5
Berne capitale Suisse 37 L6
Beyrouth capitale Liban 43 L4
Bhopal Inde 47 N6
Bhoutan pays S Asie 47 R4
Bhubaneswar Inde 47 Q7
Bialystok Pologne 37 R2
Bichkek capitale Kirghizstan 45 P7
Biên Hoa Vietnam 50 J6
Bilbao Espagne 35 N8
Biratnagar Népal 47 Q4
Birmanie pays SE Asie 50 G3
Birmingham Alabama, É.-U. 23 P8
Birmingham Angleterre, R.-U. 35 O4
Bismarck capitale d'État Dakota du Nord, É.-U. 23 L4
Bissau capitale Guinée-Bissau 28 F9
Bitola Macédoine 39 N9
Blantyre Malawi 31 M8
Blenheim Nouvelle-Zélande 57 L7
Bloemfontein capitale Afrique du Sud 31 K10
Bobrouïsk Bélarus 39 P2
Bodo Norvège 33 N4
Bogor Indonésie 50 I11
Bogotá capitale Colombie 27 N3
Boise capitale d'État Idaho, É.-U. 22 I4
Bolivie pays C Amérique du Sud 27 O6
Bologne Italie 37 N7
Bonn Allemagne 37 L3
Bora-Bora île Polynésie française 55 P8
Bordeaux France 35 O8
Bornéo île SE Asie 51 K9
Bornholm île Danemark 33 N11
Bosnie-Herzégovine pays SE Europe 39 L7
Boston Massachusetts, É.-U. 23 S4
Botswana pays S Afrique 31 K9
Bouches de l'Irrawaddy delta Birmanie 50 F4
Bouches du Gange delta Bangladesh/Inde 47 R6
Bouclier canadien région physique Canada 20 J6
Boug méridional rivière Ukraine 39 Q5
Boukarah Ouzbékistan 45 M8
Braga Portugal 35 L9
Brahmapoutre fleuve S Asie 10 G6
Braila Roumanie 39 P7
Branco rivière Brésil 27 P3
Brasilia capitale Brésil 27 R6
Brasov Roumanie 39 O6
Bratislava capitale Slovaquie 37 P5
Brazzaville capitale Congo 30 I5
Brême Allemagne 37 M2
Brésil pays Amérique du Sud 27 O5
Brest Bélarus 39 O3
Brest France 35 N6
Bretagne île R.-U. 10 B4
Brisbane capitale d'État Queensland, Australie 53 Q7
Bristol Angleterre, R.-U. 35 O5
Brno République chèque 37 P4
Broken Hill Nouvelle-Galles du Sud, Australie 53 N8
Broome Australie-Occidentale 52 H4
Brunei pays SE Asie 51 K8
Bruxelles capitale Belgique 35 Q5
Bucaramanga Colombie 27 N2
Bucarest capitale Roumanie 39 P7
Budapest capitale Hongrie 39 M5
Buenos Aires capitale Argentine 27 P9
Buffalo New York, É.-U. 23 Q5
Bujumbura capitale Burundi 31 L5
Bulawayo Zimbabwe 31 K9
Bulgarie pays SE Europe 39 O8
Bunbury Australie-Occidentale 52 G9
Burayda Arabie saoudite 43 N7
Burgas Bulgarie 39 P8
Burkina Faso pays O Afrique 28 H9
Bursa Turquie 42 J2
Buru île Indonésie 51 O10
Burundi pays C Afrique 31 L5
Bydgoszcz Pologne 37 P2

••C••

Cabinda province Angola 12 C8
Cagayan de Oro Philippines 51 N7
Cagliari Italie 37 L10
Cairns Queensland, Australie 53 O4
Calcutta Inde 47 R6
Calgary Alberta, Canada 20 H9
Cali Colombie 27 M3
Californie État É.-U. 22 G5
Callao Pérou 27 M5
Camagüey Cuba 25 N6
Cambodge pays SE Asie 50 I5
Cameroun pays O Afrique 29 K11
Campeche Mexique 24 J7
Campinas Brésil 27 R7
Campo Grande Brésil 27 Q7
Can Tho Vietnam 50 I6
Canada pays N Amérique du Nord 20 J7
Canal de Mozambique détail hydrographique O océan Indien 31 M9
Canal de Panamá canal Panamá 25 M10
Canal de Suez canal Égypte 29 N5
Canberra capitale Australie 53 P10
Cancún Mexique 25 K7
Canton Chine 49 M11
Cap de Bonne-Espérance promontoire Afrique du Sud 30 J11
Cap du Nord promontoire Nouvelle-Zélande 57 K1
Cap Egmont promontoire Nouvelle-Zélande 57 K5
Cap Est promontoire Nouvelle-Zélande 57 N4
Cap Farewell promontoire Nouvelle-Zélande 57 K6
Cap Horn promontoire Chili 27 O12
Cap Leeuwin promontoire Australie 52 F9
Cap Nord promontoire Norvège 33 P1
Cap Palliser promontoire Nouvelle-Zélande 57 L7
Cap York promontoire Australie 53 O2
Cap-Vert pays O Afrique 28 D8
Caracas capitale Venezuela 27 O2
Carajás Brésil 27 Q4
Cardiff capitale pays de Galles, R.-U. 35 N5
Caroline du Nord État É.-U. 23 R7
Caroline du Sud État É.-U. 23 Q8
Carpathes chaîne de montagnes E Europe 10 D4
Carson City capitale d'État Nevada, É.-U. 22 H6
Cartagena Colombie 27 M2
Casablanca Maroc 28 G5
Catane Italie 37 O11
Catanzaro Italie 37 P11
Caucase chaîne de montagnes Asie/Europe 10 E5
Cayenne capitale Guyane française 27 Q3
Cebu Philippines 51 N6
Céram île Indonésie 51 O10
Chaîne centrale chaîne de montagnes Indonésie/Papouasie-Nouvelle-Guinée 51 R10
Chaîne côtière chaîne de montagnes Canada/É.-U. 11 N4
Chaîne de Brooks chaîne de montagnes É.-U. 22 G9
Chaîne de l'Alaska chaîne de montagnes É.-U. 11 M3
Chaîne du Turkestan chaîne de montagnes Afghanistan 45 M10
Chambal rivière Inde 47 N5
Changchun Chine 49 P4
Changsha Chine 49 M9
Charleston capitale d'État Virginie-Occidentale, É.-U. 23 Q6
Charlotte Caroline du Nord, É.-U. 23 Q7
Charlottetown capitale provinciale Île-du-Prince-Édouard, Canada 21 Q9
Chenab rivière Inde/Pakistan 47 M2
Chengdu Chine 49 K9
Chennai Inde 47 O9
Cheyenne capitale d'État Wyoming, É.-U. 23 K6
Chiangmai Thaïlande 50 H4
Chicago Illinois, É.-U. 23 O5
Chiclayo Pérou 27 M5
Chicoutimi Québec, Canada 21 O9
Chihuahua Mexique 24 F4
Chili pays S Amérique du Sud 27 N8
Chindwin fleuve Birmanie 50 G2
Chine pays E Asie 48 I8
Chiraz Iran 43 Q6
Chisinau capitale Moldavie 39 P6
Chittagong Bangladesh 47 S6
Chonburi Thaïlande 50 H5
Chongjin Corée du Nord 49 Q5
Chongqing Chine 49 L9
Choybalsan Mongolie 49 M3
Christchurch Nouvelle-Zélande 57 K9
Churchill rivière Canada 21 K7
Chutes Niagara chutes Canada 21 O11
Chutes Victoria chutes Zambie/Zimbabwe 31 K8
Chymkent Kazakhstan 45 O7
Chypre pays mer Méditerranée 43 K4
Cincinnati Ohio, É.-U. 23 P6
Cisjordanie territoire contesté SO Asie 43 L5
Cité du Vatican pays Europe 37 M9
Ciudad del Este Paraguay 27 Q7
Ciudad Guayana Venezuela 27 O2
Ciudad Juárez Mexique 24 F3
Ciudad Victoria Mexique 24 H6
Clarence fleuve Nouvelle-Zélande 57 K8
Clermont-Ferrand France 35 Q7
Cleveland Ohio, É.-U. 23 Q5
Cluj-Napoca Roumanie 39 O6
Clutha fleuve Nouvelle-Zélande 56 I11
Cochabamba Bolivie 27 O6
Coffs Harbour Nouvelle-Galles du Sud, Australie 53 Q8
Coimbatore Inde 47 N10
Coimbra Portugal 35 L10
Colima Mexique 24 F7
Cologne Allemagne 37 L3
Colombie pays N Amérique du Sud 27 N3
Colombie-Britannique province Canada 20 G7
Colombo capitale Sri Lanka 47 O11
Colón Panamá 25 M10
Colorado État É.-U. 23 K7
Colorado fleuve Mexique/É.-U. 11 O5
Colorado Springs Colorado, É.-U. 23 K6
Columbia capitale d'État Caroline du Sud, É.-U. 23 Q8
Columbus capitale d'État Ohio, É.-U. 23 Q6
Comores pays SE Afrique 31 N7
Conakry capitale Guinée 28 F9
Concepción Chili 27 N9
Conchos rivière Mexique 24 F4
Concord capitale d'État New Hampshire, É.-U. 23 S4
Congo fleuve C Afrique 30 I5
Congo pays C Afrique 30 I5
Connecticut État É.-U. 23 S5
Constanta Roumanie 39 P7
Constantine Algérie 28 J4
Coober Pedy Australie-Méridionale 53 L7
Copenhague capitale Danemark 33 M11
Cordillère Annamitique chaîne de montagnes SE Asie 50 I4
Cordillère Australienne chaîne de montagnes Australie 53 P9
Córdoba Argentine 27 O8
Cordoue Espagne 35 N11
Corée du Nord pays E Asie 49 P5
Corée du Sud pays E Asie 49 Q6
Corfou île Grèce 39 M10
Cork Irlande 35 M4
Corne de l'Afrique région physique E Afrique 29 Q9
Corrientes Argentine 27 P8
Corse île France 35 S9
Costa Brava côte Espagne 35 Q9
Costa Rica pays Amérique centrale 25 L10
Côte de Coromandel côte Inde 47 P10
Côte de Malabar côte Inde 47 M9
Côte d'Ivoire pays O Afrique 28 G9
Cracovie Pologne 37 Q4
Craiova Roumanie 39 O7
Crète île Grèce 39 O12
Crimée péninsule Ukraine 39 R6
Croatie pays SE Europe 39 L6
Cuba île Antilles 11 Q6
Cuba pays Antilles 25 M6
Cúcuta Colombie 27 N2
Cuernavaca Mexique 24 H7
Cuiabá Brésil 27 P6
Culiacán Mexique 24 E5
Curitiba Brésil 27 Q7
Cuzco Pérou 27 N6
Cyclades archipel Grèce 39 O11
Czestochowa Pologne 37 P3

••D••

Da Nang Vietnam 50 J4
Dachoguz Turkménistan 45 L7
Dakar capitale Sénégal 28 F8
Dakota du Nord État É.-U. 23 L4
Dakota du Sud État É.-U. 23 L4
Dalälven fleuve Suède 33 N8
Dalian Chine 49 O6
Dallas Texas, É.-U. 23 M8
Dalmatie région culturelle Croatie 39 L7
Damas capitale Syrie 43 L5
Dampier Australie-Occidentale 52 G5
Danemark pays N Europe 33 L10
Danube fleuve SE Europe 10 D5
Dar es-Salaam Tanzanie 31 M6
Darfour région culturelle Soudan 29 L9
Darhan Mongolie 49 L3
Darling fleuve Australie 53 N8
Darwin capitale de territoire Territoire du Nord, Australie 53 K2
Dasht-e Kavir désert Iran 43 Q4
Dasht-e Lut désert Iran 43 R5
Datong Chine 49 M6
Daugavpils Lettonie 33 R10
Davao Philippines 51 N7
Debrecen Hongrie 39 N5
Deccan plateau Inde 47 N7
Delaware État É.-U. 23 S6
Delhi Inde 47 N4
Delta de l'Okavango zone humide Botswana 30 J9
Delta du Mississippi delta É.-U. 23 O10
Demchok territoire contesté S Asie 47 O2
Denali voir Mont McKinley
Denizli Turquie 42 J3
Denpasar Indonésie 51 L11
Denver capitale d'État Colorado, É.-U. 23 K6
Dépression de Dzoungarie bassin Chine 48 H4
Dépression de la Caspienne dépression Kazakhstan/Russie 44 J4
Dépression de Touran plaine C Asie 45 L7
Des Moines capitale d'État Iowa, É.-U. 23 N6
Désert d'Atacama désert Chili 27 O7
Désert de Gibson désert Australie 52 I6
Désert de Kyzylkoum désert Kazakhstan/Ouzbékistan 45 M6
Désert de Libye désert NO Afrique 29 L6
Désert de Mainkoum désert Kazakhstan 45 O6
Désert de Simpson désert Australie 53 M6
Désert de Sonora désert Mexique/É.-U. 24 D3
Désert de Syrie désert SO Asie 43 M5
Désert de Takla-Makan désert Chine 48 F6
Désert de Tanami désert Australie 53 K4
Désert du Kalahari désert S Afrique 30 J9
Désert du Karakoum désert Turkménistan 45 L8
Désert du Namib désert Namibie 30 I9
Désert du Thar désert Inde/Pakistan 47 L4
Détroit de Bass détail hydrographique Australie 53 O11
Détroit de Béring détail hydrographique océan Arctique/Pacifique 58 C1
Détroit de Cook détail hydrographique Nouvelle-Zélande 57 L7
Détroit de Davis détail hydrographique NO océan Atlantique 58 A6
Détroit de Foveaux détail hydrographique Nouvelle-Zélande 56 H11
Détroit de Macassar détail hydrographique O océan Pacifique 51 L10
Détroit de Magellan détail hydrographique Argentine/Chili 27 O12
Détroit de Malacca détail hydrographique Indonésie/Malaisie 50 H8

Détroit de Palk détail hydrographique N océan Indien 47 O10
Détroit d'Hudson détail hydrographique Canada 21 N6
Détroit d'Ormuz détail hydrographique NO océan Indien 43 R7
Détroit du Danemark détail hydrographique N océan Atlantique 58 B7
Detroit Michigan, É.-U. 23 P5
Dhaka capitale Bangladesh 47 R5
Dijon France 35 Q7
Dilí capitale Timor oriental 51 N11
Divinópolis Brésil 27 R7
Diyarbakir Turquie 43 M3
Djedda Arabie saoudite 43 M9
Djibouti capitale Djibouti 29 P9
Djibouti pays E Afrique 29 P9
Dniepr fleuve E Europe 10 D4
Dniestr fleuve Moldavie/Ukraine 39 P5
Dnipropetrovsk Ukraine 39 S5
Dodécanèse archipel Grèce 39 P11
Dodoma capitale Tanzanie 31 M6
Doha capitale Qatar 43 P7
Dominique pays Antilles 25 S8
Don fleuve Russie 40 E7
Donets fleuve Ukraine 39 S4
Donetsk Ukraine 39 T5
Dordogne fleuve France 35 P8
Dortmund Allemagne 37 L3
Douala Cameroun 28 J10
Douchanbe capitale Tadjikistan 45 O9
Douro fleuve Portugal/Espagne 35 N4
Dover capitale d'État Delaware, É.-U. 23 R6
Drakensberg chaîne de montagnes Afrique du Sud 31 K11
Drammen Norvège 33 M8
Drave rivière SE Europe 39 L6
Dresde Allemagne 37 O3
Dubaï Émirats arabes unis 43 R7
Dublin capitale Irlande 35 N4
Dubrovnik Croatie 39 L8
Dundee Écosse, R.-U. 35 O2
Dunedin Nouvelle-Zélande 56 I11
Durango Mexique 24 F5
Durban Afrique du Sud 31 L10
Durrës Albanie 39 M9
Düsseldorf Allemagne 37 L3
Dvina occidentale fleuve E Europe 33 Q10
Dvina septentrionale fleuve Russie 40 G6

••E••

Ebro fleuve Espagne 35 O9
Écosse région nationale R.-U. 35 N2
Édimbourg capitale Écosse, R.-U. 35 O3
Edmonton capitale provinciale Alberta, Canada 20 H8
Efate île Vanuatu 55 K8
Égypte pays NE Afrique 29 M6
Eindhoven Pays-Bas 35 Q5
El Salvador pays Amérique centrale 24 J9
El Paso Texas, É.-U. 23 K9
Elbe fleuve République tchèque/Allemagne 37 N2
Elbrous montagne Russie 40 D9
Émirats arabes unis pays SO Asie 43 Q8
Équateur pays O Amérique du Sud 27 M4
Erdenet Mongolie 49 K3
Erevan capitale Arménie 43 N2
Érythrée pays E Afrique 29 O8
Erzurum Turquie 43 M2
Eskisehir Turquie 43 K2
Espagne pays SO Europe 35 N10
Espiritu Santo île Vanuatu 55 K8
Espoo Finlande 33 Q8
Essen Allemagne 37 L3
Estonie pays E Europe 33 Q9
États-Unis d'Amérique pays C Amérique du Nord 23 K5
Éthiopie pays E Afrique 29 O10
Etna volcan Italie 37 O11
Euphrate fleuve SO Asie 43 N4
Europe continent 10 C4

••F••

Faisalabad Pakistan 47 M3
Faro Portugal 35 L11
Fédération de Russie pays Asie/Europe 40 I8
Fergana Ouzbékistan 45 O8
Fidji archipel SO océan Pacifique 11 L8
Fidji pays SO océan Pacifique 55 L9
Finlande pays N Europe 33 Q3
Fiordland région physique Nouvelle-Zélande 56 G11
Fleuve Jaune fleuve Chine 49 N7
Florence Italie 37 M8
Flores île Indonésie 51 M11
Florianópolis Brésil 27 Q8
Floride État É.-U. 23 Q9
Fongafale capitale Tuvalu 55 M7
Forêt-Noire région physique Allemagne 37 L5
Fort Worth É.-U. 23 M8
Fortaleza Brésil 27 S4
France pays O Europe 35 P7
Francfort-sur-le-Main Allemagne 37 M4
Frankfort capitale d'État Kentucky, É.-U. 23 P6
Fraser fleuve Canada 20 G8
Fredericton capitale provinciale Nouveau-Brunswick, Canada 21 P10
Freetown capitale Sierra Leone 28 F10
Fremantle Australie-Occidentale 52 G9
Fresno Californie, É.-U. 22 G6
Fukuoka Japon 49 Q7
Funafuti île Tuvalu 55 M7
Fushun China 49 O5
Futuna île Wallis-et-Futuna 55 M8
Fuzhou Chine 49 O10

••G••

Gabon pays C Afrique 30 H5
Gaborone capitale Botswana 31 K9
Galaţi Roumanie 39 P7
Galle Sri Lanka 47 O12
Galles région nationale R.-U. 35 N4
Galway Irlande 35 M4
Gambie pays O Afrique 28 E9
Gand Belgique 35 Q5
Gange fleuve Bangladesh/Inde 47 Q5
Gardez Afghanistan 45 O11
Garonne fleuve France 35 O8
Gauhati Inde 47 R5
Gavle Suède 33 O8
Gaziantep Turquie 43 L3
Gdańsk Pologne 37 P1
Geelong Victoria, Australie 53 N11
Gênes Italie 37 L7
Genève Suisse 37 L6
Georgetown capitale Guyana 27 P2
Géorgie du Sud et les îles Sandwich du Sud territoire du R.-U. S océan Atlantique 13 S11
Géorgie du Sud île S océan Atlantique 11 S11
Géorgie État É.-U. 23 Q8
Géorgie pays SO Asie 43 N2
Geraldton Australie-Occidentale 52 F8
Geyser Strokkur source chaude Islande 33 L2
Ghaghara fleuve Inde 47 P5
Ghana pays O Afrique 28 H10
Ghâts occidentaux chaîne de montagnes Inde 47 M8
Ghâts orientaux chaîne de montagnes Inde 47 O9
Ghaziabad Inde 47 N4
Ghazni Afghanistan 45 N11
Gibraltar territoire du R.-U. SO Europe 35 N12
Gijón Espagne 35 N8
Gisborne Nouvelle-Zélande 57 N5
Gizèh Égypte 29 N6
Gladstone Queensland, Australie 53 Q6
Glåma fleuve Norvège 33 M8
Glasgow Écosse, R.-U. 35 N3
Gobi désert Chine/Mongolie 49 L5
Godâvarî fleuve Inde 47 O7
Goiânia Brésil 27 Q6
Gold Coast Queensland, Australie 53 Q7
Golfe d'Aden détail hydrographique NO océan Indien 10 E7
Golfe de Bothnie détail hydrographique NE océan Atlantique 33 O7
Golfe de Californie détail hydrographique E océan Pacifique 24 D4
Golfe de Cambay détail hydrographique N océan Indien 47 L7
Golfe de Carpentarie détail hydrographique O océan Pacifique 53 M3
Golfe de Darién détail hydrographique Antilles 25 N10
Golfe de Finlande détail hydrographique NE océan Atlantique 33 Q8
Golfe de Gascogne détail hydrographique NE océan Atlantique 35 N7
Golfe de Guayaquil détail hydrographique E océan Pacifique 27 L4
Golfe de Guinée détail hydrographique E océan Atlantique 28 I11
Golfe de Kutch détail hydrographique N océan Indien 47 K6
Golfe de l'Alaska détail hydrographique N océan Pacifique 22 G10
Golfe de Mannar détail hydrographique N océan Indien 47 N11
Golfe de Riga détail hydrographique NE océan Atlantique 33 Q9
Golfe de Tehuantepec détail hydrographique E océan Pacifique 24 I8
Golfe de Thaïlande détail hydrographique O océan Pacifique 50 H6
Golfe d'Oman détail hydrographique NO océan Indien 43 R7
Golfe du Bengale détail hydrographique NE océan Indien 10 G6
Golfe du Martaban détail hydrographique NE océan Indien 50 G4
Golfe du Mexique détail hydrographique O océan Atlantique 11 P6
Golfe du Saint-Laurent détail hydrographique NO océan Atlantique 21 Q9
Golfe du Tonkin détail hydrographique O océan Pacifique 49 L11
Golfe persique détail hydrographique NO océan Indien 43 P6
Golfe San Jorge détail hydrographique SO océan Atlantique 27 O11
Gomel Bélarus 39 Q3
Gorges d'Olduvai vallée Tanzanie 31 M5
Gothenburg Suède 33 M9
Gotland île Suède 33 O10
Gran Chaco plaine C Amérique du Sud 27 O7
Grand Balkan chaîne de montagnes Bulgarie 39 O8
Grand bassin bassin É.-U. 11 O5
Grand Canyon vallée É.-U. 22 I7
Grand Désert de Sable désert Australie 52 I5
Grand désert Victoria désert Australie 52 J7
Grand Khingan chaîne de montagnes Chine 49 O4
Grand lac de l'Ours lac Canada 20 H5
Grand lac des Esclaves lac Canada 20 I6
Grand Lac Salé lac salé É.-U. 22 I5
Grande Baie Australienne détail hydrographique E océan Indien 52 J9
Grande barrière récif Australie 53 P4
Grande fosse orientale vallée Afrique/Asie 10 D7
Grande Muraille de Chine mur Chine 49 L6
Grande plaine de Chine plaine Chine 10 H5
Grandes Antilles archipel Antilles 25 L7
Grandes îles de la Sonde archipel SE Asie 50 I10
Grandes Plaines plaine Canada/É.-U. 11 04
Grands Lacs lacs Canada/É.-U. 11 Q4
Graz Autriche 37 O6
Grèce pays SE Europe 39 N10
Grenade Espagne 35 N11
Grenade pays Antilles 25 S9
Grenoble France 35 Q8
Greymouth Nouvelle-Zélande 56 J8
Grodno Bélarus 39 O2
Groenland île NE Amérique du Nord 11 S2
Groenland territoire du Danemark NE Amérique du Nord 58 B6
Groningen Pays-Bas 35 Q4
Groznyï Russie 40 E9
Guadalajara Mexique 24 F7
Guadalcanal île Îles Salomon 54 J7
Guadalquivir fleuve Espagne 35 N11
Guadeloupe territoire de la France Antilles 25 S8
Guadiana fleuve Espagne 35 N10
Guam territoire des É.-U. O océan Pacifique 54 H4
Guantánamo Bay territoire des É.-U. Antilles 25 O7
Guatemala capitale Guatemala 24 J9
Guatemala pays Amérique centrale 24 J8
Guayaquil Équateur 27 M4
Guinée pays O Afrique 28 F9
Guinée-Équatoriale pays O Afrique 30 G4
Guinée-Bissau pays O Afrique 28 E9
Guiyang Chine 49 L10
Gujranwala Pakistan 47 M3
Gunnbjørn Fjeld montagne Groenland 58 C7
Guyana pays N Amérique du Sud 27 P2
Guyane française territoire de la France N Amérique du Sud 27 Q3
Györ Hongrie 39 M5

••H••

Haast Nouvelle-Zélande 56 I9
Hagatna capitale Guam 54 I4
Hainan île Chine 49 L12
Haiphong Vietnam 50 J3
Haïti pays Antilles 25 O7
Halifax capitale provinciale Nouvelle-Écosse, Canada 21 Q10
Halmahera île Indonésie 51 O9
Hamadan Iran 43 O4
Hambourg Allemagne 37 M2
Hamhung Corée du Nord 49 P6
Hamilton Nouvelle-Zélande 57 L4
Hamilton Ontario, Canada 21 N11
Hammerfest Norvège 33 P1
Handan Chine 49 N7
Hangzhou Chine 49 O9
Hanoi capitale Vietnam 50 I3
Hanovre Allemagne 37 M3
Haora Inde 47 R6
Harare capitale Zimbabwe 31 L8
Harbin Chine 49 P4
Harrisburg capitale d'État Pennsylvanie, É.-U. 23 R6
Hartford capitale d'État Connecticut, É.-U. 23 S5
Hastings Nouvelle-Zélande 57 M6
Hat Yai Thaïlande 50 H7
Hawaii État É.-U. 22 J11
Hawaii île Hawaii, É.-U. 22 I12
Hefei Chine 49 N8
Helena capitale d'État Montana, É.-U. 22 J4
Helmand rivière Afghanistan/Iran 45 M12
Helsingborg Suède 33 M10
Helsinki capitale Finlande 33 Q8
Herat Afghanistan 45 L10
Hermosillo Mexique 24 E4
Hervey Bay Queensland, Australie 53 Q7
Hiiumaa île Estonie 33 P9
Himalaya chaîne de montagnes Asie 10 G5
Hindu Kush chaîne de montagnes Afghanistan/Pakistan 10 F5
Hiroshima Japon 49 R7
Hispaniola île République dominicaine/Haïti 25 O7
Hkakabo Razi montagne Birmanie/Chine 50 G1
Ho Chi Minh-Ville Vietnam 50 I6
Hobart capitale d'État Tasmanie, Australie 53 O12
Hodeida Yémen 43 N11
Hoggar plateau Algérie 28 I7
Hohhot Chine 49 M6
Hokkaido île Japon 49 S4
Homs Syrie 43 L4
Honduras pays Amérique centrale 25 K9
Hong Kong Chine 49 N11
Hongrie pays C Europe 39 M6
Honiara capitale Îles Salomon 54 J7
Honolulu capitale d'État Hawaii, É.-U. 22 I11
Honshu île Japon 49 S6
Houston Texas, É.-U. 23 N9
Huambo Angola 30 I7
Hubli Inde 47 M8
Huê Vietnam 50 J4
Hyderabad Inde 47 N8

Hyderabad Pakistan 47 K5

••I••

Iakousk Russie 41 O8
Iaroslavl Russie 40 F7
Iaşi Roumanie 39 P6
Ibiza île Espagne 35 P10
Ibra Oman 43 R8
Ica Pérou 27 N6
Ichim rivière Kazakhstan/Russie 45 N2
Idaho État É.-U. 22 I5
Iekaterinbourg Russie 40 H8
Ienisseï fleuve Russie 41 K7
Ijevsk Russie 40 G8
Ile rivière Chine/Kazakhstan 45 P6
Île Alexandre île Antarctique 59 N8
Île Andros île Bahamas 25 M6
Île Banks île Canada 20 I3
Île Berkner île Antarctique 59 O8
Île Carney île Antarctique 59 N10
Île Christmas territoire de l'Australie NE océan Indien 12 H8
Île Cozumel île Mexique 25 K7
Île Crozet archipel Terres australes et antarctiques françaises 10 E10
Île d'Anticosti île Canada 21 Q8
Île de Baffin île Canada 21 M4
Île de Chiloé île Chili 27 N10
Île de Clipperton territoire de la France E océan Pacifique 13 O7
Île de la grande barrière île Nouvelle-Zélande 57 M3
Île de l'Ascension île C océan Atlantique 10 B8
Île de l'Ascension territoire du R.-U. C océan Atlantique 12 A8
Île de Man territoire du R.-U. O Europe 12 B4
Île de Marajó île Brésil 27 R3
Île de Pâques île Chili 11 O9
Île de Vancouver île Canada 20 F8
Île de Victoria île Canada 20 J4
Île d'Ellesmere île Canada 21 L2
Île du Millénaire île Kiribati 55 P7
Île du Nord île Nouvelle-Zélande 57 M5
Île du Sud île Nouvelle-Zélande 56 J8
Île Heard et Îles McDonald territoire de l'Australie océan Indien 12 G11
Île Jarvis territoire des É.-U. C océan Pacifique 55 O6
Île Maurice île SO océan Indien 10 F9
Île Melville île Australie 53 K1
Île Melville île Canada 58 B4
Île Norfolk territoire de l'Australie SO océan Pacifique 55 L10
Île Phuket île Thaïlande 50 G7
Île Pierre-1er territoire de la Norvège océan Austral 59 N9
Île Sainte-Hélène île C océan Atlantique 10 B8
Île Samui île Thaïlande 50 H6
Île Southampton île Canada 21 L5
Île Stewart île Nouvelle-Zélande 56 H12
Île Thurston île Antarctique 59 N9
Île Wake territoire des É.-U. C océan Pacifique 55 K3
Île Wrangel île Russie 41 Q4
Île-du-Prince-Édouard province Canada 21 Q9
Îles Aland archipel Finlande 33 O8
Îles Aléoutiennes archipel É.-U. 11 L4
Îles Andaman archipel Inde 47 S9
Îles Anglo-Normandes territoire du R.-U. NO Europe 35 N6
Îles Aru archipel Indonésie 51 Q11
Îles Australes archipel Polynésie française 55 P9
Îles Baker et Howland territoire des É.-U. C océan Pacifique 55 M6
Îles Baléares archipel Espagne 35 P11
Îles Caïmans territoire du R.-U. Antilles 25 L7
Îles Canaries archipel Espagne 34 I12
Îles Carolines archipel Micronésie 54 I5
Îles Chagos archipel C océan Indien 10 F8
Îles Chatham archipel Nouvelle-Zélande 11 L10
Îles Chuuk archipel Micronésie 54 I5
Îles Cocos archipel NE océan Indien 10 G8
Îles Cocos territoire de l'Australie NE océan Indien 12 G8
Îles Cook archipel C océan Pacifique 11 M8
Îles Cook territoire de la N.-Z. C océan Pacifique 55 O8
Îles Cook méridionales archipel Îles Cook 55 O8
Îles Cook septentrionales archipel Îles Cook 55 O8
Îles de la Ligne archipel Kiribati 55 P5
Îles de la Reine-Charlotte archipel Canada 20 F7
Îles de la Reine-Élisabeth archipel Canada 20 J3
Îles de la Société archipel Polynésie française 55 P8
Îles de Tuamotu archipel Polynésie française 55 Q8
Îles du Cap-Vert archipel O Afrique 10 A7
Îles du Vent archipel Antilles 25 R9
Îles Féroé archipel NO Europe 10 B3
Îles Féroé territoire du Danemark NO Europe 33 K3
Îles Galápagos archipel Équateur 27 K4
Îles Gambier archipel Polynésie française 55 Q9
Îles Hawaii archipel Hawaii, É.-U. 55 O2
Îles Kourile archipel Russie 41 R10
Îles Lau archipel Fidji 55 M8
Îles Loyauté archipel Nouvelle-Calédonie 55 K9
Îles Malouines archipel S océan Atlantique 11 R11
Îles Malouines territoire du R.-U. S océan Atlantique 27 P11
Îles Mariannes archipel Guam/Îles Mariannes du Nord 54 I4
Îles Mariannes du Nord territoire des É.-U. O océan Pacifique 54 I3
Îles Marquises archipel Polynésie française 55 R7
Îles Marshall archipel C océan Pacifique 11 K7
Îles Marshall pays C océan Pacifique 55 K4
Îles Mentawai archipel Indonésie 50 G9
Îles Midway archipel C océan Pacifique 11 L6
Îles Midway territoire des É.-U. C océan Pacifique 55 M2
Îles Natuna archipel Indonésie 50 J8
Îles Nicobar archipel Inde 47 S11
Îles Orcades archipel Écosse, R.-U. 35 O1
Îles Paracel territoire contesté SE Asie 12 H6
Îles Phœnix archipel Kiribati 55 M7
Îles Pitcairn archipel S océan Pacifique 11 N9
Îles Pitcairn territoire du R.-U. C océan Pacifique 55 R9
Îles Ralik archipel Îles Marshall 55 K5
Îles Ratak archipel Îles Marshall 55 L4
Îles Revillagigedo archipel Mexique 24 D7
Îles Ryukyu archipel Japon 49 Q10
Îles Salomon archipel SO océan Pacifique 11 K8
Îles Salomon pays SO océan Pacifique 54 J7
Îles Sandwich du Sud archipel S océan Atlantique 11 S11
Îles Santa Cruz archipel Îles Salomon 55 K7
Îles Shetland archipel Écosse, R.-U. 35 O1
Îles Sous-le-vent archipel Antilles 25 R7
Îles Spratly territoire contesté SE Asie 12 H7
Îles Turks et Caïcos territoire du R.-U. Antilles 25 O6
Île Vierges territoire des É.-U. Antilles 25 Q6
Îles Vierges britanniques territoire du R.-U. Antilles 25 R6
Illinois État É.-U. 23 O6
Ilulissat Groenland 58 B6
Imperatriz Brésil 27 R4
Imphal Inde 47 S5
Inchon Corée du Sud 49 P6
Inde pays S Asie 47 N6
Indes orientales archipel SE Asie 10 H8
Indiana État É.-U. 23 P6
Indianapolis capitale d'État Indiana, É.-U. 23 P6
Indigirka fleuve Russie 41 O6
Indonésie pays SE Asie 50 H10
Indore Inde 47 N6
Indus fleuve S Asie 47 L4
Innsbruck Autriche 37 N6
Invercargill Nouvelle-Zélande 56 H11
Inverness Écosse, R.-U. 35 N2
Iowa État É.-U. 23 N5
Ipoh Malaisie 50 H8
Iqaluit capitale de territoire Nunavut, Canada 21 N5
Iquique Chili 27 N7
Iquitos Pérou 27 N4
Irak pays SO Asie 43 N4
Iráklion Grèce 39 O12
Iran pays SO Asie 43 Q5
Irkoutsk Russie 41 L10
Irlande île Irlande/R.-U. 10 B4
Irlande pays NO Europe 35 M4
Irlande du Nord province R.-U. 35 M3
Irrawaddy fleuve Birmanie 50 G2
Irtych rivière C Asie 10 G4
Islamabad capitale Pakistan 47 M2
Islande île NO Europe 10 B3
Islande pays NO Europe 33 L2
Ispahan Iran 43 P5
Israël pays SO Asie 43 K5
Istanbul Turquie 42 J2
Isthme de Kra isthme Malaisie/Thaïlande 50 G6
Isthme de Tehuantepec isthme Mexique 24 I8
Itabuna Brésil 27 S6
Italie pays S Europe 37 N8
Ittoqqortoormiit Groenland 58 C7
Ivano-Frankivsk Ukraine 39 O5
Izmir Turquie 42 J3

••J••

Jabalpur Inde 47 O6
Jackson capitale d'État Mississippi, É.-U. 23 O8
Jacksonville Floride, É.-U. 23 Q9
Jaffna Sri Lanka 47 O11
Jaipur Inde 47 N4
Jakarta capitale Indonésie 50 I11
Jalal-Abad Afghanistan 45 O10
Jamaïque pays Antilles 25 M7
Jambi Indonésie 50 I9
Jamshedpur Inde 47 Q6
Jan Mayen territoire de la Norvège N océan Atlantique 12 B2
Japon pays E Asie 49 S6
Java île Indonésie 50 J11
Jayapura Indonésie 51 S9
Jefferson City capitale d'État Missouri, É.-U. 23 N6
Jérusalem capitale Israël 43 L5
Jilin Chine 49 P4
Jinan Chine 49 N7
Johannesburg Afrique du Sud 31 K10
Johore Baharu Malaisie 50 I8
Jönköping Suède 33 N9
Jordanie pays SO Asie 43 L6
Juazeiro Brésil 27 S5
Juiz de Fora Brésil 27 R7
Julianehåb Groenland 58 A7
Juneau capitale d'État Alaska, É.-U. 22 G10
Jytomyr Ukraine 39 P4
Jyväskylä Finlande 33 Q7

••K••

K2 montagne Chine/Pakistan 47 N1
Kaboul capitale Afghanistan 45 O10
Kagoshima Japon 49 Q8
Kahmard rivière Afghanistan 45 N10
Kaikoura Nouvelle-Zélande 57 K8
Kalgoorlie Australie-Occidentale 52 H8
Kaliningrad province Russie 40 D5
Kaliningrad Russie 40 D5
Kalyan Inde 47 M7
Kamloops Colombie-Britannique, Canada 20 G9
Kampala capitale Ouganda 31 L5
Kananga République démocratique du Congo 30 J6
Kandahar Afghanistan 45 N11
Kandy Sri Lanka 47 O11
Kangaroo Island île Australie 53 L10
Kanpur Inde 47 O5
Kansas État É.-U. 23 M7
Kansas City Missouri, É.-U. 23 N6
Kaohsiung Taïwan 49 O11
Karachi Pakistan 47 K5
Karaganda Kazakhstan 45 P4
Karakol Kirghizistan 45 Q7
Karakoram chaîne de montagnes C Asie 47 N1
Karbala Irak 43 N5
Karshi Ouzbékistan 45 N8
Kasaï rivière République démocratique du Congo 30 J6
Katmandou capitale Népal 47 Q4
Katowice Pologne 37 P4
Kattegat détail hydrographique NE océan Atlantique 33 M10
Kauai île Hawaii, É.-U. 22 I11
Kaunas Lituanie 33 Q11
Kavála Grèce 39 O9
Kayseri Turquie 43 L3
Kazakhstan pays C Asie 45 M4
Kazan Russie 40 F8
Kazbek montagne Géorgie 43 N2
Kebnekaise montagne Suède 33 O3
Kelowna Colombie-Britannique, Canada 20 G9
Kemerovo Russie 40 J9
Kemijoki fleuve Finlande 33 Q4
Kendari Indonésie 51 N10
Kentucky État É.-U. 23 P7
Kenya pays E Afrique 31 M4
Kerguelen île Terres australes et antarctiques françaises 10 F11
Kerkyra Grèce 39 M10
Kerman Iran 43 R6
Kermanchah Iran 43 O5
Keys de la Floride archipel É.-U. 23 Q11
Khabarovsk Russie 41 P10
Kharkiv Ukraine 39 S4
Khartoum capitale Soudan 29 N8
Khodjent Tadjikistan 45 O8
Khulna Bangladesh 47 R6
Kiev capitale Ukraine 39 Q4
Kigali capitale Rwanda 31 L5
Kilimandjaro montagne Tanzanie 31 M5
Kingston capitale Jamaïque 25 N8
Kinshasa capitale République démocratique du Congo 30 I5
Kirghizistan pays C Asie 45 P7
Kiribati pays C océan Pacifique 55 M6
Kiritimati île Kiribati 55 O6
Kirkouk Irak 43 N4
Kirov Russie 40 G7
Kirovohrad Ukraine 39 R5
Kisangani République démocratique du Congo 31 K5
Kisumu Kenya 31 M5
Kita-kyushu Japon 49 Q7
Kitchener Ontario, Canada 21 N11
Kitwe Zambie 31 K7
Kizil Irmak fleuve Turquie 43 K2
Klaipeda Lituanie 33 P11
Klang Malaisie 50 H8
Klarälven rivière Suède 33 N8
Klioutchevskaya volcan Russie 41 R7
Kobe Japon 49 R7
Kochi Inde 47 N10
Koktchetaou Kazakhstan 45 O2
Kolwezi République démocratique du Congo 31 K7
Kolyma fleuve Russie 41 P6
Komotini Grèce 39 O9
Kondoz Afghanistan 45 O9
Konya Turquie 43 K3
Kosice Slovaquie 37 Q5
Kosovo pays (contesté) SE Europe 39 N8
Kosrae île Micronésie 54 J5
Kostanaï Kazakhstan 45 M3
Kota Kinabalu Malaisie 51 L7
Kouliab Tadjikistan 45 O9
Koura fleuve SO Asie 43 O2
Koutaïsi Géorgie 43 N2
Koweït capitale Koweït 43 O6
Koweït pays SO Asie 43 O6
Krasnodar Russie 40 D8
Krasnoïarsk Russie 41 K9
Krishna fleuve Inde 47 N8
Kristiansand Norvège 33 L9
Kryvyï Rih Ukraine 39 R5
Kuala Lumpur capitale Malaisie 50 H8
Kuala Terengganu Malaisie 50 H7

Kuching Malaisie 50 J9
Kunming Chine 49 K10
Kuopio Finlande 33 R6
Kupang Indonésie 51 N12
Kyoto Japon 49 R7
Kyushu île Japon 49 R8
Kyzylorda Kazakhstan 45 N6

••L••

La Corogne Espagne 35 M8
La Havane capitale Cuba 25 L6
La Haye capitale Pays-Bas 35 Q5
La Mecque Arabie saoudite 43 M9
La Nouvelle-Orléans Louisiane, É.-U. 23 O9
La Paz capitale Bolivie 27 O6
La Paz Mexique 24 E5
La Plata Argentine 27 P9
La Réunion île O océan Indien 10 E9
La Réunion territoire de la France SO océan Indien 31 O9
La Valette capitale Malte 37 O12
Laayoune capitale Sahara occidental 28 F6
Lac Alakol lac Kazakhstan 45 R5
Lac Athabasca lac Canada 20 I7
Lac Baïkal lac Russie 41 L10
Lac Balkhash lac Kazakhstan 45 P5
Lac de Garde lac Italie 37 M6
Lac de Prespa lac SE Europe 39 N9
Lac de Van lac Turquie 43 N3
Lac d'Ohrid lac Albanie/Macédoine 39 M9
Lac d'Ourmia lac Iran 43 03
Lac Érié lac Canada/É.-U. 23 Q5
Lac Eyre Nord lac Australie 53 M7
Lac Frome lac Australie 53 M8
Lac Gairdner lac Australie 53 L8
Lac Huron lac Canada/É.-U. 23 P4
Lac Issyk-Koul lac Kirghizistan 45 Q7
Lac Ladoga lac Russie 40 F5
Lac Léman lac France/Suisse 37 K6
Lac Mackay lac Australie 52 J5
Lac Malawi lac S Afrique 31 M7
Lac Michigan lac É.-U. 23 O5
Lac Nasser lac Égypte/Soudan 29 M7
Lac Nicaragua lac Nicaragua 25 L10
Lac Nipigon lac Canada 21 L9
Lac Okeechobee lac É.-U. 23 R10
Lac Onéga lac Russie 40 F6
Lac Ontario lac Canada/É.-U. 23 R4
Lac Peipus lac Estonie 33 Q9
Lac Reindeer lac Canada 20 J7
Lac Rotorua lac Nouvelle-Zélande 57 M4
Lac Supérieur lac Canada/É.-U. 23 O4
Lac Tanganyika lac C Afrique 31 L6
Lac Taupo lac Nouvelle-Zélande 57 L5
Lac Tchad lac C Afrique 29 K9
Lac Te Anau lac Nouvelle-Zélande 56 H10
Lac Titicaca lac Bolivie/Pérou 27 N6
Lac Toba lac Indonésie 50 G8
Lac Torrens lac Australie 53 M8
Lac Turkana lac Kenya 31 M4
Lac Tuz lac Turquie 43 K3
Lac Victoria lac E Afrique 31 L5
Lac Wakatipu lac Nouvelle-Zélande 56 H10
Lac Winnipeg lac Canada 21 K9
Lac Zaïsan lac Kazakhstan 45 R4
Lagos Nigéria 28 I10
Lagune dos Patos détail hydrographique SO océan Atlantique 27 Q8
Lagune Madre détail hydrographique Mexique 24 H5
Lahore Pakistan 47 M3
Lahti Finlande 33 Q7
Lalitpur Népal 47 P4
Lamía Grèce 39 N10
Lanai île Hawaii, É.-U. 22 I12
Lansing capitale d'État Michigan, É.-U. 23 P5
Lanzhou Chine 49 K7
Laos pays SE Asie 50 H3
Laponie région culturelle N Europe 33 P3
Lárissa Grèce 39 N10
Las Vegas Nevada, É.-U. 22 I7
Launceston Tasmanie, Australie 53 O12
Laurentides chaîne de montagnes Canada 21 O9
Le Caire capitale Égypte 29 N5
Le Cap capitale Afrique du Sud 30 J11
Le Havre France 35 P6
Le Pirée Grèce 39 O10
Leeds Angleterre, R.-U. 35 O4
Leipzig Allemagne 37 N3
Lena fleuve Russie 41 N7
León Mexique 24 G6
León Nicaragua 25 K9
Lérida Espagne 35 P9
Lesbos île Grèce 38 O10
Lesotho pays S Afrique 31 K11
Lethbridge Alberta, Canada 20 H9
Lettonie pays E Europe 33 Q10
Lhasa Chine 48 H8
Liban pays SO Asie 43 K4
Libéria pays O Afrique 28 F10
Libreville capitale Gabon 30 H5
Libye pays N Afrique 29 K6
Liechtenstein pays C Europe 37 M6
Liepāja Lettonie 33 P10
Lille France 35 P5
Lillehammer Norvège 33 M7
Lilongwe capitale Malawi 31 L7
Lima capitale Pérou 27 M5
Limerick Irlande 35 M4
Limoges France 35 P7
Limón Costa Rica 25 L10
Limpopo fleuve S Afrique 31 L9
Lincoln capitale d'État Nebraska, É.-U. 23 M6
Linköping Suède 33 N9
Linz Autriche 37 O5
Lisbonne capitale Portugal 35 L10
Little Rock capitale d'État Arkansas, É.-U. 23 N8
Lituanie pays E Europe 33 P11
Liverpool Angleterre, R.-U. 35 O4
Ljubljana capitale Slovénie 37 O6
Llanos plaine Colombie/Venezuela 27 N2
Lodz Pologne 37 Q3
Loire fleuve France 35 O7
Lombok île Indonésie 51 L11
Lomé capitale Togo 28 I10
London Ontario, Canada 21 N11
Londres capitale Angleterre, R.-U. 35 O5
Long Beach Californie, É.-U. 22 H8
Los Angeles Californie, É.-U. 22 H7
Louang Prabang Laos 50 H3
Louhansk Ukraine 39 T4
Louisiane État É.-U. 23 N9
Louisville Kentucky, É.-U. 23 P6
Loutsk Ukraine 39 O4
Lower Hutt Nouvelle-Zélande 57 L7
Luanda capitale Angola 30 I6
Lubango Angola 30 I8
Lublin Pologne 37 R3
Lubumbashi République démocratique du Congo 31 K7
Lucknow Inde 47 O4
Luçon île Philippines 51 M4
Ludhiana Inde 47 N3
Luleå Suède 33 P5
Luoyang Chine 49 M7
Lusaka capitale Zambie 31 K8
Luxembourg capitale Luxembourg 35 Q5
Luxembourg pays NO Europe 35 Q5
Lviv Ukraine 39 O4
Lyon France 35 Q7

••M••

Macao Chine 49 M11
Macapá Brésil 27 Q3
Macassar Indonésie 51 M10
Macédoine pays SE Europe 39 N9
Maceió Brésil 27 T5
Mackay Queensland, Australie 53 P5
Mackenzie fleuve Canada 20 H5
Madagascar île SE Afrique 10 E9
Madagascar pays SE Afrique 31 N9
Madeira fleuve Bolivie/Brésil 27 P4
Madère île Portugal 34 I11
Madison capitale d'État Wisconsin, É.-U. 23 O5
Madrid capitale Espagne 35 N10
Madurai Inde 47 N10
Magadan Russie 41 Q7
Magdalena fleuve Colombie 27 M3
Magdebourg Allemagne 37 N3
Magwe Birmanie 50 G3
Mahilyou Bélarus 39 Q2
Maine État É.-U. 23 S4
Majorque île Espagne 35 P10
Malabo capitale Guinée-Équatoriale 30 H4
Málaga Espagne 35 N12
Malaisie pays SE Asie 50 H8
Malang Indonésie 51 K11
Malatya Turquie 43 M3
Malawi pays S Afrique 31 M7
Maldives pays S Asie 47 K10
Malé capitale Maldives 47 K11
Malekula île Vanuatu 55 K8
Mali pays O Afrique 28 H8
Malmö Suède 33 M11
Malte pays S Europe 37 N12
Manado Indonésie 51 N9
Managua capitale Nicaragua 25 K9
Manama capitale Bahreïn 43 P7
Manaus Brésil 27 P4
Manche détail hydrographique NE océan Atlantique 35 O5
Manchester Angleterre, R.-U. 35 O4
Mandalay Birmanie 50 G3
Mandchourie région culturelle Chine 49 O4
Mandurah Australie-Occidentale 52 G9
Maniitsoq Groenland 58 A6
Manille État Philippines 51 M5
Manitoba province Canada 21 K8
Manurewa Nouvelle-Zélande 57 L3
Maputo capitale Mozambique 31 L10
Mar del Plata Argentine 27 P9
Maracaibo Venezuela 27 N2
Marais du Pripet zone humide Bélarus/Ukraine 39 O3
Marañón rivière Pérou 27 M4
Maribor Slovénie 37 O6
Marioupol Ukraine 39 T5
Maroc pays NO Afrique 28 G5
Maroochydore-Mooloolaba Queensland, Australie 53 Q7
Marrakech Maroc 28 G5
Marseille France 35 Q8
Martinique territoire de la France Antilles 25 S8
Mary Turkménistan 45 L9
Maryland État É.-U. 23 S6
Mascate capitale Oman 43 S8
Maseru capitale Lesotho 31 K10
Massachusetts État É.-U. 23 S5
Massif Central plateau France 35 P8
Massif des Kunlun chaîne de montagnes Chine 48 F6
Massif éthiopien chaîne de montagnes Éthiopie 29 O9
Massif guyannais chaîne de montagnes N Amérique du Sud 27 P3
Massif Vinson montagne Antarctique 59 O9
Masterton Nouvelle-Zélande 57 L7
Matanzas Cuba 25 M6
Mataram Indonésie 51 L11
Mataura fleuve Nouvelle-Zélande 56 I11
Mata-Utu capitale Wallis-et-Futuna 55 M8
Maui île Hawaii, É.-U. 22 J11
Maurice pays SO océan Indien 31 P8
Mauritanie pays O Afrique 28 F7
Mayence Allemagne 37 L4
Mayotte territoire de la France SE Afrique 31 N7
Mazar-e Charif Afghanistan 45 N9
Mazatlán Mexique 24 F6
Mbabane capitale Swaziland 31 L10
Mbandaka République démocratique du Congo 30 J5
Mbuji-Mayi République démocratique du Congo 31 K6
Mechhed Iran 43 R3
Medan Indonésie 50 G8
Medellín Colombie 27 M2
Medicine Hat Alberta, Canada 20 I9
Médine Arabie Saoudite 43 M8
Meerut Inde 47 N4
Meiktila Birmanie 50 G3
Mekong fleuve SE Asie 10 H6
Mélanésie archipel SO océan Pacifique 54 J6
Melbourne capitale d'État Victoria, Australie 53 O11
Memphis Tennessee, É.-U. 23 O8
Mendoza Argentine 27 O9
Mer Adriatique mer mer Méditerranée 37 O8
Mer Amundsen mer océan Austral 59 N10
Mer Baltique mer NE océan Atlantique 33 O11
Mer Blanche mer océan Arctique 40 G5
Mer Caspienne lac Asie/Europe 10 E5
Mer Chukchi mer océan Arctique 58 C2
Mer d'Andaman mer NE océan Indien 50 F7
Mer d'Arafura mer SO océan Pacifique 10 I8
Mer d'Aral lac Kazakhstan/Ouzbékistan 45 L6
Mer d'Azov mer mer Noire 39 S6
Mer de Banda mer O océan Pacifique 51 O10
Mer de Barents mer océan Arctique 58 E6
Mer de Beaufort mer océan Arctique 58 B2
Mer de Bellingshausen mer océan Austral 59 N9
Mer de Béring mer N océan Pacifique 11 L4
Mer de Chine méridionale mer O océan Pacifique 10 H7
Mer de Chine orientale mer O océan Pacifique 10 I6
Mer de Corail mer SO océan Pacifique 10 J8
Mer de Crête mer mer Méditerranée 39 O12
Mer de Flores mer O océan Pacifique 51 M11
Mer de Java mer O océan Pacifique 51 K10
Mer de Kara mer océan Arctique 58 E5
Mer de Laptev mer océan Arctique 58 E3
Mer de Natuna mer O océan Pacifique 50 I8
Mer de Norvège mer NE océan Atlantique 58 D7
Mer de Ross mer océan Austral 59 P11
Mer de Sibérie orientale mer océan Arctique 58 D2
Mer de Sulu mer O océan Pacifique 51 M6
Mer de Tasman mer SO océan Pacifique 11 K10
Mer de Timor mer O océan Pacifique 51 O11
Mer de Wandel mer océan Arctique 58 D5
Mer de Weddell mer océan Austral 59 O7
Mer des Caraïbes mer O océan Atlantique 25 N9
Mer des Célèbes mer O océan Pacifique 51 M8
Mer des Moluques mer O océan Pacifique 51 N9
Mer des Philippines mer SE Asie 10 I6
Mer d'Okhotsk mer NO océan Pacifique 41 Q8
Mer d'Oman mer SO océan Indien 10 F6
Mer du Groenland mer océan Arctique 58 D6
Mer du Japon mer NO océan Pacifique 10 I5
Mer du Labrador mer NO océan Atlantique 11 R4
Mer du Nord mer NE océan Atlantique 10 C4
Mer Égée mer mer Méditerranée 39 O10
Mer Ionienne mer mer Méditerranée 39 M10
Mer Jaune mer O océan Pacifique 49 P7
Mer Ligurienne mer mer Méditerranée 37 L8
Mer Méditerranée mer Afrique/Asie/Europe 10 C5
Mer Morte lac salé Israël/Jordanie 43 L5
Mer Noire mer Asie/Europe 10 D5
Mer Rouge mer NO océan Indien 10 D6
Mer Tyrrhénienne mer mer Méditerranée 37 M10
Mérida Espagne 35 M10
Mérida Mexique 24 J7
Mersin Turquie 43 L3
Meuse fleuve France 35 Q6
Mexicali Mexique 24 D2
Mexico capitale Mexique 24 H7
Mexique pays S Amérique du Nord 24 F6
Miami Floride, É.-U. 23 R10
Michigan État É.-U. 23 P4
Micronésie archipel O océan Pacifique 54 J4
Micronésie pays O océan Pacifique 54 I5
Milan Italie 37 M7
Mildura Victoria, Australie 53 N9
Milford Sound détail hydrographique Nouvelle-Zélande 56 H9
Milwaukee Wisconsin, É.-U. 23 O5
Mindanao île Philippines 51 N7
Mindoro île Philippines 51 M5
Minneapolis Minnesota, É.-U. 23 N4
Minnesota État É.-U. 23 N4
Minorque île Espagne 35 Q10
Minsk capitale Bélarus 39 P2

Mirny Russie 41 M8
Miskolc Hongrie 39 N5
Mississippi État É.-U. 23 O9
Mississippi fleuve É.-U. 23 O8
Missouri État É.-U. 23 N7
Missouri rivière É.-U. 23 N6
Mogadiscio capitale Somalie 29 P11
Moldavie pays E Europe 39 P5
Molokai île É.-U. 22 I11
Mombasa Kenya 31 M5
Monaco pays O Europe 35 R8
Moncton Nouveau-Brunswick, Canada 21 Q9
Mongolie pays E Asie 49 K4
Mongolie intérieure région culturelle Chine 49 M5
Monrovia capitale Libéria 28 F10
Mont Ararat montagne Turquie 43 N2
Mont Blanc montagne France/Italie 35 R7
Mont Cook voir Aoraki
Mont Damavand montagne Iran 43 P4
Mont Erebus montagne Antarctique 59 Q11
Mont Everest montagne Chine/Népal 47 Q4
Mont Fuji montagne Japon 49 S6
Mont Kinabalu montagne Malaisie 51 L7
Mont Kosciuszko montagne Australie 53 O10
Mont Logan montagne Canada 20 F5
Mont McKinley montagne É.-U. 22 G10
Mont Ruapehu montagne Nouvelle-Zélande 57 L5
Mont Taranaki montagne Nouvelle-Zélande 57 L5
Mont Travers montagne Nouvelle-Zélande 57 K8
Mont Wilhelm montagne Papouasie-Nouvelle-Guinée 54 I7
Montagnes de la Reine-Maud chaîne de montagnes Antarctique 59 P9
Montagnes Rocheuses chaîne de montagnes Canada/É.-U. 11 O4
Montana Bulgarie 39 N8
Montana État É.-U. 23 K4
Monténégro pays SE Europe 39 M8
Monterrey Mexique 24 G5
Montevideo capitale Uruguay 27 P9
Montgomery capitale d'État Alabama, É.-U. 28 P8
Montpelier capitale d'État Vermont, É.-U. 23 R4
Montpellier France 35 Q8
Montréal Québec, Canada 21 O10
Monts Altaï chaîne de montagnes C Asie 10 G4
Monts Atlas chaîne de montagnes NO Afrique 28 H5
Monts Barisan chaîne de montagnes Indonésie 50 G8
Monts de Iablonovyï chaîne de montagnes Russie 41 M10
Monts de la Kolyma chaîne de montagnes Russie 41 Q7
Monts de Verkhoïansk chaîne de montagnes Russie 41 N6
Monts des Koryaks chaîne de montagnes Russie 41 R6
Monts du Makran chaîne de montagnes Pakistan 46 J4
Monts du Pinde chaîne de montagnes Grèce 39 N10
Monts Flinders chaîne de montagnes Australie 53 M9
Monts Hamersley chaîne de montagnes Australie 52 G6
Monts Kirghizes chaîne de montagnes Kazakhstan/Kirghizistan 45 P7
Monts Macdonnell chaîne de montagnes Australie 53 K6
Monts Mackenzie chaîne de montagnes Canada 20 G4
Monts Oural chaîne de montagnes Kazakhstan/Russie 10 F4
Monts Rhodope chaîne de montagnes Bulgarie 39 N8
Monts Stanovoï chaîne de montagnes Russie 41 N9
Monts Taurus chaîne de montagnes Turquie 43 K3
Monts Tcherski chaîne de montagnes Russie 41 O6
Monts Transantarctiques chaîne de montagnes Antarctique 59 P9
Monts Vindhya chaîne de montagnes Inde 47 M6
Monts Zagros chaîne de montagnes Iran 43 P5
Monts Zeravchan montagnes Tadjikistan/Ouzbékistan 45 N8
Montserrat territoire du R.-U. Antilles 25 R8
Monument Valley vallée É.-U. 22 J7
Morelia Mexique 24 G7
Moroni capitale Comores 31 N7
Moscou capitale Russie 40 E7
Moss Norvège 33 M8
Mossoró Brésil 27 S4
Mossoul Irak 43 N4
Mostar Bosnie-Herzégovine 39 M8
Moulmein Birmanie 50 G4
Mourmansk Russie 40 G4
Mozambique pays SE Afrique 31 L9
Multan Pakistan 47 L3
Mumbai Inde 47 M7
Munich Allemagne 37 N5
Murantau Ouzbékistan 45 M7
Murcie Espagne 35 O11
Murray fleuve Australie 53 N10
My Tho Vietnam 50 I6
Myanmar voir Birmanie
Mykolayïv Ukraine 39 R6
Mysore Inde 47 N10

••N••

Nagasaki Japon 49 Q8
Nagoya Japon 49 S6
Nagpur Inde 47 O6
Nairobi capitale Kenya 31 M5
Nakhon Ratchasima Thaïlande 50 H5
Nam Dinh Vietnam 50 I3
Namangan Ouzbékistan 45 O7
Namibe Angola 30 I8
Namibie pays S Afrique 30 I9
Nanaimo Colombie-Britannique, Canada 20 F9
Nanchang Chine 49 N9
Nankin Chine 49 O8
Nanning Chine 49 L11
Nantes France 35 O7
Napier Nouvelle-Zélande 57 M5
Naples Italie 37 O9
Narmadâ fleuve Inde 47 M6
Narvik Norvège 33 O3
Naryn fleuve Kirghizistan/Ouzbékistan 45 P7
Naryn Kirghizistan 45 Q7
Nashik Inde 47 M7
Nashville capitale d'État Tennessee, É.-U. 23 P7
Nasiriyya Irak 43 O6
Nassau capitale Bahamas 25 N5
Natal Brésil 27 T4
Nauru pays C océan Pacifique 55 K6
Navoi Ouzbékistan 45 M8
Naypyidaw capitale Birmanie 50 G3
N'Djamena capitale Tchad 29 K9
Ndola Zambie 31 K7
Nebraska État É.-U. 23 L5
Negombo Sri Lanka 47 O11
Negros île Philippines 51 M6
Nelson Nouvelle-Zélande 57 K7
Népal pays S Asie 47 O4
Neuquén Argentine 27 O10
Nevada État É.-U. 22 H5
New Delhi capitale Inde 47 N4
New Hampshire État É.-U. 23 S4
New Jersey État É.-U. 23 R6
New Plymouth Nouvelle-Zélande 57 L5
New York État É.-U. 23 R5
New York New York, É.-U. 23 S5
Newcastle Nouvelle-Galles du Sud, Australie 53 Q9
Newcastle-upon-Tyne Angleterre, R.-U. 35 O3
Nha Trang Vietnam 50 J5
Niamey capitale Niger 28 I9
Nicaragua pays Amérique centrale 25 K9
Nice France 35 R8
Nicosie capitale Chypre 43 K4
Niéman fleuve Lituanie 33 P11
Niger fleuve O Afrique 28 H8
Niger pays O Afrique 28 J8
Nigéria pays O Afrique 28 I9
Nijni Novgorod Russie 40 F7
Nil fleuve NE Afrique 29 N6
Nil Blanc fleuve Soudan 29 N9
Nil Bleu fleuve Éthiopie/Soudan 29 N9
Niš Serbie 39 N8
Niue territoire de la Nouvelle-Zélande S océan Pacifique 55 N8
Norilsk Russie 41 K6
Norrköping Suède 33 N9
Norvège pays N Europe 33 M7
Nouakchott capitale Mauritanie 28 F8
Noukous Ouzbékistan 45 L7
Nouméa capitale Nouvelle-Calédonie 55 K9
Nouveau-Brunswick province Canada 21 P9
Nouveau-Mexique État É.-U. 23 K8
Nouvelle-Bretagne île Papouasie-Nouvelle-Guinée 54 I7
Nouvelle-Calédonie île Nouvelle-Calédonie 55 K9
Nouvelle-Calédonie territoire de la France SO océan Pacifique 54 J8
Nouvelle-Écosse péninsule Canada 11 R5
Nouvelle-Écosse province Canada 21 Q10
Nouvelle-Galles du Sud État Australie 53 O8
Nouvelle-Guinée île Indonésie/Papouasie-Nouvelle-Guinée 10 J8
Nouvelle-Zélande archipel SO océan Pacifique 11 L10
Nouvelle-Zélande pays SO océan Pacifique 57 K6
Nouvelle-Zemble archipel Russie 40 I5
Novgorod Russie 40 E6
Novi Sad Serbie 39 M7
Novokouznetsk Russie 40 J10
Novossibirsk Russie 40 J9
Nowra Nouvelle-Galles du Sud, Australie 53 P10
Nukualofa capitale Tonga 55 M9
Nunap Isua promontoire Groenland 58 A7
Nunavut territoire Canada 21 K5
Nuuk capitale Groenland 58 A6
Nyíregyháza Hongrie 31 N5

••O••

Oahu île Hawaii, É.-U. 22 I11
Oakland Californie, É.-U. 22 G6
Oamaru Nouvelle-Zélande 56 J10
Oaxaca Mexique 24 H8
Ob' fleuve Russie 40 I7
Océan Arctique océan 58 C3
Océan Atlantique océan 10 B9
Océan Austral océan 59 O6
Océan Indien océan 10 G9
Océan Pacifique océan 11 L5
Odense Danemark 33 L11
Oder fleuve C Europe 37 O2
Odessa Ukraine 39 Q6
Ohio État É.-U. 23 P6
Ohio rivière É.-U. 23 P6
Okavango fleuve S Afrique 30 J8
Okayama Japon 49 R7
Oklahoma État É.-U. 23 M8
Oklahoma City capitale d'État Oklahoma, É.-U. 23 M7
Öland île Suède 33 O10
Olympia capitale d'État Washington, É.-U. 22 H3
Omaha Nebraska, É.-U. 23 M6
Oman pays SO Asie 43 R9
Omdurman Soudan 29 N8
Omsk Russie 40 I9
Ontario province Canada 21 L8
Oran Algérie 28 I4
Orange fleuve Afrique 30 J10
Örebro ville Suède 33 N9
Oregon État É.-U. 22 H4
Orenbourg Russie 40 G9
Orénoque fleuve Colombie/Venezuela 27 O2
Oreor capitale Palau 54 H5
Orlando Floride, É.-U. 23 Q9
Orléans France 35 P6
Oruro Bolivie 27 O6
Osaka Japon 49 R7
Osh Kirghizistan 45 P8
Oshawa Ontario, Canada 21 N11
Osijek Croatie 39 M6
Oslo capitale Norvège 33 M8
Östersund Suède 33 N6
Ostrava République tchèque 37 P4
Ottawa capitale Ontario, Canada 21 O10
Ouagadougou capitale Burkina Faso 28 H9
Oubangui rivière C Afrique 30 J4
Oufa Russie 40 G8
Ouganda pays E Afrique 31 L4
Oulan-Bator capitale Mongolie 49 L4
Oulan-Oudé Russie 41 L10
Oulianovsk Russie 40 F8
Oulu Finlande 33 Q5
Ounasjoki rivière Finlande 33 Q4
Oural fleuve Kazakhstan/Russie 44 J4
Oural Kazakhstan 44 J3
Ourguentch Ouzbékistan 45 L7
Ourmia Iran 43 N3
Outer Hebrides archipel Écosse, R.-U. 35 M1
Ouzbékistan pays C Asie 45 M8
Oviedo Espagne 35 M8

••P••

Padang Indonésie 50 H9
Pago Pago capitale Samoa américaines 55 N8
Pakistan pays S Asie 47 K3
Pakxe Laos 50 I5
Palau pays O océan Pacifique 54 G5
Palawan île Philippines 51 L6
Palembang Indonésie 50 I10
Palerme Italie 37 N11
Palikir capitale Micronésie 54 J5
Palma Espagne 35 P10
Palu Indonésie 51 M9
Pamir chaîne de montagnes C Asie 45 P9
Pamir rivière Afghanistan/Tadjikistan 45 P9
Pampa plaine Argentine 27 O9
Panamá capitale Panamá 25 M10
Panamá pays Amérique centrale 25 M11
Panay île Philippines 51 M6
Papeete capitale Polynésie française 55 Q8
Papouasie province Indonésie 51 R10
Papouasie-Nouvelle-Guinée pays SO océan Pacifique 54 I6
Paraguay pays C Amérique du Sud 27 P7
Paraguay rivière C Amérique du Sud 11 R9
Paramaribo capitale Suriname 27 Q2
Paraná fleuve C Amérique du Sud 27 P8
Paris capitale France 35 P6
Patagonie région physique Argentine/Chili 27 O11
Patna Inde 47 Q5
Patras Grèce 39 N10
Pavlodar Kazakhstan 45 P3
Pays-Bas pays NO Europe 35 Q4
Pécs Hongrie 39 M6
Pegu Birmanie 50 G4
Pekanbaru Indonésie 50 H9
Péloponnèse péninsule Grèce 39 N11
Péninsule Antarctique péninsule Antarctique 59 N8
Péninsule arabique péninsule SO Asie 43 M7
Péninsule de Kola péninsule Russie 40 G5
Péninsule de Taïmyr péninsule Russie 41 K5
Péninsule de Yamal péninsule Russie 40 J6
Péninsule du Kamchatka péninsule Russie 41 R7
Péninsule du Yucatàn péninsule Mexique 24 J7
Péninsule d'Ungava péninsule Canada 21 N6
Péninsule Ibérique péninsule Europe SO Europe 10 B5
Péninsule Malaise péninsule Malaisie/Thaïlande 50 H7
Péninsule Valdés péninsule Argentine 27 P10
Pennsylvanie État É.-U. 23 Q5
Penza Russie 40 F8
Perm Russie 40 G8
Pérou pays O Amérique du Sud 27 M5
Perpignan France 35 P9

Perth capitale d'État Australie-Occidentale 52 G9
Peshawar Pakistan 47 L2
Petchora rivière Russie 40 H6
Petites Antilles archipel Antilles 25 R9
Petites îles de la Sonde archipel Timor oriental/Indonésie 51 L11
Petra site archéologique Jordanie 43 L6
Petropavlovsk Kazakhstan 45 O2
Petropavlosk-Kamchatski Russie 41 R8
Petrozavodsk Russie 40 F6
Philadelphie ville Pennsylvanie, É.-U. 23 R5
Philippines pays océan Pacifique 51 M6
Phnom Penh capitale Cambodge 50 I6
Phœnix capitale d'État Arizona, É.-U. 22 I8
Pic Ismail Samani montagne Tadjikistan 45 P8
Pic Musala montagne Bulgarie 39 O8
Pic Pobedy montagne Chine/Kirghizistan 45 R7
Pierre capitale d'État Dakota du Sud, É.-U. 23 L5
Pinar del Río Cuba 25 L6
Pittsburgh Pennsylvanie, É.-U. 23 Q6
Piura Pérou 27 M4
Plaine de la mer Noire basse terre SE Europe 39 Q6
Plaine de Mandchourie plaine Chine 10 I4
Plaine de Nullarbor plaine Australie 52 I8
Plaine de Sibérie occidentale plaine Russie 40 I7
Plaine de Sibérie septentrionale basse terre Russie 41 K6
Plaine du Pô vallée Italie 37 M7
Plaine nord-européenne plaine N Europe 10 D4
Plateau central chaîne de montagnes Brésil 27 R6
Plateau de Bié plateau Angola 30 J7
Plateau de Kimberley plateau Australie 52 I4
Plateau de l'Ustyurt plateau Kazakhstan/Ouzbékistan 45 K6
Plateau de Russie centrale plateau Russie 40 F7
Plateau de Shan plateau Birmanie 50 G3
Plateau de Sibérie centrale plateau Russie 41 K7
Plateau du Barkly plateau Australie 53 L3
Plateau du Mato Grosso plateau Brésil 27 Q5
Plateau du Tibet plateau C Asie 48 H7
Plateau iranien plateau Iran 43 Q5
Plateaux Kazakhs plateau Kazakhstan 45 P4
Plate-forme de Ronne plate-forme de glace Antarctique 59 O8
Plate-forme de Ross plate-forme de glace Antarctique 59 P10
Ploiești Roumanie 39 P7
Plovdiv Bulgarie 39 O8
Plymouth Angleterre, R.-U. 35 N5
Plzen République tchèque 37 N4
Pô fleuve Italie 37 M7
Podgorica capitale Monténégro 39 M8
Pohnpei île Micronésie 54 J5
Pokhara Népal 47 P4
Pôle Nord pôle océan Arctique 58 D4
Pôle Sud pôle Antarctique 59 Q9
Pologne pays C Europe 37 P3
Poltava Ukraine 39 R4
Polynésie archipel C océan Pacifique 55 N7
Polynésie française territoire de la France C océan Pacifique 55 Q8
Pontianak Indonésie 50 J9
Port Elizabeth Afrique du Sud 31 K11
Port Hedland Australie-Occidentale 52 G5
Port Macquarie Nouvelle-Galles du Sud, Australie 53 Q8
Port Moresby capitale Papouasie-Nouvelle-Guinée 54 I7
Port-au-Prince capitale Haïti 25 O7
Portland Oregon, É.-U. 22 H4
Port-Louis capitale Maurice 31 P9
Porto Portugal 35 L9
Porto Alegre Brésil 27 Q8
Porto Novo capitale Bénin 28 I10
Porto Velho Brésil 27 O5
Port-Soudan Soudan 29 O7
Portugal pays SO Europe 35 M10
Port-Vila capitale Vanuatu 55 K8
Potosi Bolivie 27 O7
Poznań Pologne 37 P3
Prague capitale République tchèque 37 O4
Praia capitale Cap-Vert 28 E8
Presqu'île de Banks péninsule Nouvelle-Zélande 57 K9
Pretoria voir Tshwane
Prince George Colombie-Britannique, Canada 20 G8
Pripet fleuve Bélarus/Ukraine 39 P3
Priština capitale Kosovo 39 N8
Prome Birmanie 50 G4
Prout rivière SE Europe 39 P6
Providence capitale d'État Rhode Island, É.-U. 23 S5
Prudhoe Bay Alaska, É.-U. 22 G9
Puebla Mexique 24 H7
Puerto Ayacucho Venezuela 27 O2
Puerto Montt Chili 27 N10
Puerto Rico territoire des É.-U. Antilles 25 Q7
Puncak Jaya montagne Indonésie 51 R10
Pune Inde 47 M7
Punta Arenas Chili 27 O12
Purus rivière Brésil/Pérou 27 O4
Pusan Corée du Sud 49 Q7
Putumayo rivière N Amérique du Sud 27 N4
Pyongyang capitale Corée du Nord 49 P6
Pyrénées chaîne de montagnes SO Europe 35 P9

••Q••

Qaanaaq Groenland 58 B5
Qatar pays SO Asie 43 P7
Qilian Shan chaîne de montagnes Chine 48 I6
Qingdao Chine 49 O7
Qiqihar Chine 49 O4
Qom Iran 43 P4
Quart vide voir Rub' al Khali
Québec capitale provinciale Québec, Canada 21 O10
Québec province Canada 21 O8
Queensland État Australie 53 N5
Queenstown Nouvelle-Zélande 56 H10
Querétaro Mexique 24 G7
Quetta Pakistan 47 K3
Quito capitale Équateur 27 M4

••R••

Rabat capitale Maroc 28 H5
Rach Gia Vietnam 50 I6
Rajkot Inde 47 L6
Rajshahi Bangladesh 47 R5
Raleigh capitale d'État Caroline du Nord, É.-U. 23 R7
Ranchi Inde 47 Q6
Rangitikei fleuve Nouvelle-Zélande 57 M6
Rangoun Birmanie 50 G4
Rann de Kutch marais Inde/Pakistan 47 L5
Rarotonga île Îles Cook 55 O9
Rasht Iran 43 P3
Rawalpindi Pakistan 47 M2
Récif Kingman territoire des É.-U. C océan Pacifique 55 N5
Recife Brésil 27 T5
Red Deer Alberta, Canada 20 H8
Regina capitale provinciale Saskatchewan, Canada 20 J9
Reims France 35 Q6
Rennes France 35 O6
République centrafricaine pays C Afrique 29 L10
République démocratique du Congo pays C Afrique 30 J5
République dominicaine pays Antilles 25 P7
République tchèque pays C Europe 37 O4
République turque de Chypre du Nord territoire contesté Chypre 42 J4
Réservoir des Trois Gorges réservoir Chine 49 L8
Réservoir La Grande réservoir Canada 21 N8
Réservoir Smallwood lac Canada 21 O7
Reykjavík capitale Islande 33 L2
Rhin fleuve O Europe 10 C4
Rhode Island État É.-U. 23 S5
Rhodes île Grèce 39 Q11
Rhône fleuve France/Suisse 35 Q8
Riazan Russie 40 E7
Richmond capitale d'État Virginie, É.-U. 23 R6
Riga capitale Lettonie 33 Q10
Rijeka Croatie 39 K6
Rio Branco Brésil 27 O5
Rio de Janeiro Brésil 27 R7
Río de la Plata détail hydrographique SO océan Atlantique 27 P9
Rio Grande fleuve Mexique/É.-U. 11 P5
Rio Negro fleuve N Amérique du Sud 27 O3
Rio Yaqui fleuve Mexique 24 E4
Rivière de la Paix rivière Canada 20 I7
Rivière Rouge rivière É.-U. 23 M8
Riyad capitale Arabie saoudite 43 O8
Rockhampton Queensland, Australie 53 Q6
Rome capitale Italie 37 N9
Rosario Argentine 27 P9
Rostov-sur-le-Don Russie 40 D8
Rotorua Nouvelle-Zélande 57 M4
Rotterdam Pays-Bas 35 Q4
Roumanie pays SE Europe 39 O6
Royaume-Uni pays NO Europe 35 N3
Rub' al Khali désert Arabie saoudite 43 O9
Ruse Bulgarie 39 P7
Rwanda pays C Afrique 31 L5

••S••

Saaremaa île Estonie 33 P9
Sacramento capitale d'État Californie, É.-U. 22 G6
Safed Koh chaîne de montagnes Afghanistan 45 L10
Sahara désert N Afrique 28 H7
Sahara occidental territoire contesté NO Afrique 28 F6
Sahel région physique O Afrique 28 H8
Saimaa lac Finlande 33 R7
Saint John Nouveau-Brunswick, Canada 21 P10
Saint Louis Missouri, É.-U. 23 O6
Saint-Domingue capitale République dominicaine 25 P7
Sainte-Lucie pays Antilles 25 S8
Saint-Étienne France 35 Q7
Saint-Kitts-et-Nevis pays Antilles 25 R7
Saint-Laurent fleuve Canada 21 O10
Saint-Marin pays S Europe 37 N8
Saint Paul capitale d'État Minnesota, É.-U. 23 N4
Saint-Pétersbourg Russie 40 F5
Saint-Pierre-et-Miquelon territoire de la France E Amérique du Nord 21 Q9
Saint-Vincent-et-les-Grenadines pays Antilles 25 S9
Sakhaline île Russie 41 Q9
Salala Oman 43 Q10
Salem capitale d'État Oregon, É.-U. 22 G4
Salouen fleuve SE Asie 10 H6
Salt Lake City capitale d'État Utah 22 J6
Salta Argentine 27 O7
Saltillo Mexique 24 G5
Salto del Angel chute Venezuela 27 P3
Salvador Brésil 27 S6
Salzbourg Autriche 37 N5
Samar île Philippines 51 N6
Samara Russie 40 F8
Samarinda Indonésie 51 L9
Samarkand Ouzbékistan 45 N8
Samoa américaines territoire des É.-U. C océan Pacifique 55 N7
Samoa archipel C océan Pacifique 11 L8
Samoa pays C océan Pacifique 55 M7
Samsun Turquie 43 L2
San Antonio Texas, É.-U. 23 M9
San Diego Californie, É.-U. 22 H8
San Francisco Californie, É.-U. 22 G6
San Jose Californie, É.-U. 22 G6
San José capitale Costa Rica 25 L10
San Juan capitale Puerto Rico 25 Q7
San Luis Potosí Mexique 24 G6
San Miguel de Tucumán Argentine 27 O8
San Salvador capitale El Salvador 24 J9
San Salvador de Jujuy Argentine 27 O7
Sanaa capitale Yémen 43 N11
Sandakan Malaisie 51 L7
Santa Cruz Bolivie 27 O6
Santa Fe Argentine 27 P8
Santa Fe capitale d'État Nouveau-Mexique, É.-U. 23 K7
Santander Espagne 35 N8
Santarém Brésil 27 Q4
Santiago capitale Chili 27 N9
Santiago de Cuba Cuba 25 N7
Santiago del Estero Argentine 27 O8
Santos Brésil 27 R7
São Francisco fleuve Brésil 27 R6
São Luís Brésil 27 R4
São Paulo Brésil 27 R7
Sao Tomé capitale Sao Tomé-et-Principe 30 H5
Sao Tomé-et-Principe pays E océan Atlantique 30 G5
Sapporo Japon 49 S4
Saragosse Espagne 35 O9
Sarajevo capitale Bosnie-Herzégovine 39 M7
Saratov Russie 40 F8
Sardaigne île Italie 37 L10
Saskatchewan province Canada 20 I8
Saskatchewan rivière Canada 20 J8
Saskatoon Saskatchewan, Canada 20 I9
Sault Ste Marie Ontario, Canada 21 M10
Save rivière SE Europe 39 M7
Scandinavie région physique N Europe 10 C3
Seattle Washington, É.-U. 22 H3
Seine fleuve France 35 P6
Semarang Indonésie 50 J11
Semipalatinsk Kazakhstan 45 Q3
Sendai Japon 49 S5
Sénégal fleuve O Afrique 28 F8
Sénégal pays O Afrique 28 F8
Séoul capitale Corée du Sud 49 P6
Serbie pays SE Europe 39 N7
Setúbal Portugal 35 L11
Severnaïa Zemlia archipel Russie 41 L4
Séville Espagne 35 M11
Seychelles archipel O océan Indien 10 E8
Seychelles pays O océan Indien 31 O6
Sfax Tunisie 28 J5
Shanghai Chine 49 O8
Sheffield Angleterre, R.-U. 35 O4
Shenyang Chine 49 O5
Sherbrooke Québec, Canada 21 O10
Shijiazhuang Chine 49 N6
Shikarpur Pakistan 47 K4
Shikoku île Japon 49 R7
Shkodër Albanie 39 M8
Sibérie région physique Russie 40 J8
Sicile île Italie 37 N11
Sierra Leone pays O Afrique 28 E10
Sierra Madre del Sur chaîne de montagnes Mexique 24 G8
Sierra Madre occidentale chaîne de montagnes Mexique 24 E4
Sierra Madre orientale chaîne de montagnes Mexique 24 G5
Simferopol Ukraine 39 R7
Singapour pays SE Asie 50 I9
Sisimiut Groenland 58 B6
Sittwe ville Birmanie 50 F3
Skagerrak détail hydrographique NE océan Atlantique 33 L9
Skien Norvège 33 L8
Skopje capitale Macédoine 39 N8
Sliven Bulgarie 39 P8
Slovaquie pays C Europe 37 P5
Slovénie pays C Europe 37 O6
Socotra île Yémen 43 Q10
Sofia capitale Bulgarie 39 O8
Sognefjorden détail hydrographique Norvège 33 L7
Solapur Inde 47 N8
Somalie pays E Afrique 29 P11
Soudan pays NE Afrique 29 M9
Southampton Angleterre, R.-U. 35 O5
Soweto Afrique du Sud 31 K10
Spitsberg île Svalbard 10 C2
Split Croatie 39 L7
Springfield capitale d'État Illinois, É.-U. 23 O6
Sri Lanka île S Asie 10 G7
Sri Lanka pays S Asie 47 O11
Srinagar Inde 47 M2

St Catharines Ontario, Canada 21 N11
St Helena territoire du R.-U. C océan Pacifique 12 B8
St John's capitale provinciale Terre-Neuve-et-Labrador, Canada 21 R8
Stanley capitale Îles Malouines 27 P12
Stavanger Norvège 33 K8
Stavropol Russie 40 D9
Stockholm capitale Suède 33 O8
Strasbourg France 35 R6
Stuttgart Allemagne 37 M5
Sucre capitale Bolivie 27 O6
Sudbury Ontario, Canada 21 N10
Sudd marécage Soudan 29 M10
Suède pays N Europe 33 N7
Suhar Oman 43 R8
Suisse pays C Europe 37 L6
Sukkur Pakistan 47 K4
Sulawesi île Indonésie 51 M9
Sumatra île Indonésie 50 H9
Sumba île Indonésie 51 M12
Sumbawa île Indonésie 51 L11
Sunshine Coast Queensland, Australie 53 Q7
Surabaya Indonésie 51 K11
Surat Inde 47 M6
Suriname pays N Amérique du Sud 27 Q3
Sutlej fleuve Pakistan 47 M3
Suva capitale Fidji 55 M8
Svalbard territoire de la Norvège océan Arctique 58 E6
Swaziland pays S Afrique 31 L10
Sydney capitale Nouvelle-Galles du Sud, Australie 53 P9
Syktyvkar Russie 40 G7
Syr-Daria fleuve Kazakhstan 45 N6
Syrie pays SO Asie 43 L4
Szczecin Pologne 37 O2
Szeged Hongrie 39 M6

••T••

Tabriz Iran 43 O3
Tabuk Arabie saoudite 43 L6
Tachkent capitale Ouzbékistan 45 O7
Tacna Pérou 27 N6
Tadjikistan pays C Asie 45 O8
Taegu Corée du Sud 49 Q7
Tage fleuve Portugal/Espagne 35 L10
Taguatinga Brésil 27 R5
Tahiti île Polynésie française 55 P8
Taichung Taïwan 49 O10
Tainan Taïwan 49 O11
Taipei capitale Taïwan 49 P10
Taïwan île E Asie 10 I6
Taïwan pays E Asie 49 O11
Taiyuan Chine 49 M6
Taizz Yémen 43 N11
Taldy-Korgan Kazakhstan 45 Q6
Tallahassee capitale Floride, É.-U. 23 Q9
Tallinn capitale Estonie 33 Q8
Tamise fleuve Angleterre, R.-U. 35 O5
Tampa Floride, É.-U. 23 Q10
Tampere Finlande 33 P7
Tampico Mexique 24 H6
Tanger Maroc 28 H4
Tangerang Indonésie 50 I11
Tangshan Chine 49 N6
Tanzanie pays E Afrique 31 L6
Tapajós fleuve Brésil 27 P4
Tarawa île Kiribati 55 K6
Taraz Kazakhstan 45 O7
Tartu Estonie 33 R9
Tasiilak Groenland 58 B7
Tasmanie État Australie 53 N12
Tasmanie île Australie 10 J10
Taunggyi Birmanie 50 G3
Taupo Nouvelle-Zélande 57 M5
Tauranga Nouvelle-Zélande 57 M4
Tavoy Birmanie 50 G5
Tbilissi capitale Géorgie 43 N2
Tchad pays C Afrique 29 L8
Tchelyabinsk Russie 40 H8
Tcherkasy Ukraine 39 Q4
Tchernihiv Ukraine 39 Q3
Tchernivtsi Ukraine 39 O5
Tchernobyl Ukraine 39 Q3
Tchita Russie 41 M10
Te Anau Nouvelle-Zélande 56 H10
Tegucigalpa capitale Honduras 25 K9
Téhéran capitale Iran 43 P4
Temuco Chili 27 N10
Tennessee État É.-U. 23 O7
Tepic Mexique 24 F6
Teresina Brésil 27 S4
Termez Ouzbékistan 45 N9
Terre Adélie région physique Antarctique 59 R11
Terre d'Arnhem région physique Australie 53 L2
Terre de Coats région physique Antarctique 59 P7
Terre de Feu île Argentine/Chili 27 O12
Terre de Knud Rasmussen région physique Groenland 58 C5
Terre de la Reine-Maud région physique Antarctique 59 Q7
Terre de Wilkes région physique Antarctique 59 S10
Terre du roi Christian IX région physique Groenland 58 B7
Terre Enderby région physique Antarctique 59 R7
Terre François-Joseph archipel Russie 40 J3
Terre George-V région physique Antarctique 59 R11
Terre Guillaume II région physique Antarctique 59 S9
Terre Marie-Byrd région physique Antarctique 59 O10
Terre Victoria région physique Antarctique 59 Q11
Terre-Neuve île Canada 21 Q8
Terre-Neuve-et-Labrador province Canada 21 P7
Terres australes et antarctiques françaises territoire de la France S océan Indien 12 F10
Territoire britannique de l'océan Indien territoire du R.-U. C océan Indien 12 F8
Territoire de la capitale australienne territoire Australie 53 P10
Territoire du Nord territoire Australie 53 K4
Territoires du Nord-Ouest territoire Canada 20 H5
Texas État É.-U. 23 L9
Thaïlande pays SE Asie 50 H4
Thessalonique Grèce 39 N9
Thimphou capitale Bhoutan 47 R4
Thunder Bay Ontario, Canada 21 L10
Tian Shan chaîne de montagnes C Asie 10 G5
Tianjin Chine 49 N6
Tibesti chaîne de montagnes N Afrique 29 K7
Tibre fleuve Italie 37 N8
Tigre fleuve SO Asie 43 N4
Tijuana Mexique 24 C2
Timaru Nouvelle-Zélande 56 J10
Timisoara Roumanie 39 N6
Timor île Timor oriental/Indonésie 51 N12
Timor oriental pays SE Asie 51 O11
Tioumen Russie 40 H8
Tirana capitale Albanie 39 M9
Tiraspol Moldavie 39 Q6
Tisza rivière SE Europe 39 N5
Tobago île Trinité-et-Tobago 25 S9
Tobol rivière Kazakhstan/Russie 45 M3
Tocantins fleuve Brésil 27 R5
Togo pays O Afrique 28 I10
Tokelau territoire de la Nouvelle-Zélande C océan Pacifique 55 N7
Tokyo capitale Japon 49 S6
Tolède Espagne 35 N10
Toledo Ohio, É.-U. 23 P5
Toluca Mexique 24 G7
Tomsk Russie 40 J9
Tonga archipel SO océan Pacifique 11 L9
Tonga pays S océan Pacifique 55 M8
Tongatapu île Tonga 55 N9
Tonlé Sap lac Cambodge 50 I5
Toowoomba Queensland, Australie 53 Q7
Topeka capitale d'État Kansas, É.-U. 23 M6
Toronto capitale provinciale Ontario, Canada 21 N11
Tórshavn Îles Féroé 33 L4
Toulouse France 35 P8
Townsville Queensland, Australie 53 P4
Transsibérien chemin de fer Russie 40 H8
Transylvanie région culturelle Roumanie 39 O6
Trébizonde Turquie 43 M2
Trenton capitale d'État New Jersey, É.-U. 23 R5
Trieste Italie 37 O6
Trincomalee Sri Lanka 47 O11
Trinité-et-Tobago pays Antilles 25 S9
Tripoli capitale Libye 29 K5
Trois-Rivières Québec, Canada 21 O10
Tromso Norvège 33 O2
Trondheim Norvège 33 M6
Trujillo Pérou 27 M5
Tshwane capitale Afrique du Sud 31 K9
Tucson Arizona, É.-U. 22 I8
Tula Russie 40 E7
Tulsa Oklahoma, É.-U. 23 M7
Tungaru archipel Kiribati 55 L6
Tunis capitale Tunisie 28 J4
Tunisie pays N Afrique 28 J5
Turin Italie 37 L7
Turkmenabat Turkménistan 45 M8
Turkmenbachy Turkménistan 44 J8
Turkménistan pays C Asie 45 K8
Turku Finlande 33 P8
Turquie pays Asie/Europe 43 K2
Tuvalu pays C océan Pacifique 55 L7
Tuxtla Mexique 24 I8
Tuzla Bosnie-Herzégovine 39 M7
Tver Russie 40 E6

••U••

Uberlândia Brésil 27 R6
Ucayali fleuve Pérou 27 N5
Udon Thani Thaïlande 50 H4
Ukraine pays E Europe 39 P4
Uluru rocher Australie 53 K6
Umea Suède 33 P6
Uppsala Suède 33 O8
Uruguay fleuve E Amérique du Sud 27 P8
Uruguay pays E Amérique du Sud 27 P9
Ürümqi Chine 48 H4
Ust-Kamenogorsk Kazakhstan 45 R3
Utah État É.-U. 22 I6
Utrecht Pays-Bas 35 Q4

••V••

Vaasa Finlande 33 P6
Vadodara Inde 47 M6
Valence Espagne 35 O10
Valencia Venezuela 27 O2
Valladolid Espagne 35 N9
Valparaíso Chili 27 N9
Van Turquie 43 N3
Vancouver Colombie-Britannique, Canada 20 G9
Vänern lac Suède 33 M9
Vantaa Finlande 33 Q8
Vanua Levu île Fidji 55 L8
Vanuatu archipel SO océan Pacifique 11 K8
Vanuatu pays SO océan Pacifique 55 K8
Vârânasî Inde 47 P5
Varna Bulgarie 39 P8
Varsovie capitale Pologne 37 Q3
Västeras Suède 33 N8
Vatnajökull glacier Islande 33 M2
Vättern lac Suède 33 M9
Venezuela pays N Amérique du Sud 27 O2
Venise Italie 37 N7
Veracruz Mexique 24 H7
Vermont État É.-U. 23 S4
Vésuve volcan Italie 37 O9
Viana do Castelo Portugal 35 L9
Victoria capitale provinciale Colombie-Britannique, Canada 20 F9
Victoria État Australie 53 N10
Vienne capitale Autriche 37 O5
Vientiane capitale Laos 50 I4
Vietnam pays SE Asie 50 J4
Vigo Espagne 35 L9
Vijayavada Inde 47 O8
Villahermosa Mexique 24 I8
Vilnius capitale Lituanie 33 Q11
Viña del Mar Chili 27 N9
Vinh Vietnam 50 I4
Virginia Beach Virginie, É.-U. 23 R6
Virginie État É.-U. 23 R6
Virginie-Occidentale État É.-U. 23 Q6
Visakhapatnam Inde 47 P8
Vistule fleuve Pologne 37 Q2
Vitebsk Bélarus 39 Q1
Viti Levu île Fidji 55 L8
Vitória Brésil 27 S7
Vitoria-Gasteiz Espagne 35 O9
Vladivostok Russie 41 P11
Volga fleuve Russie 40 F8
Volgograd Russie 40 E8
Vorkouta Russie 40 I6
Voronej Russie 40 E7

••W••

Wagga Wagga Nouvelle-Galles du Sud, Australie 53 O10
Waitaki fleuve Nouvelle-Zélande 56 I10
Wallis île Wallis-et-Futuna 55 M7
Wallis-et-Futuna territoire de la France C océan Pacifique 55 M7
Walmakariri rivière Nouvelle-Zélande 57 K8
Walrau rivière Nouvelle-Zélande 57 K7
Wanaka Nouvelle-Zélande 56 I10
Wanganui Nouvelle-Zélande 57 L6
Washington État É.-U. 22 H3
Washington DC capitale É.-U. 23 R6
Wellington capitale Nouvelle-Zélande 57 L7
Westport Nouvelle-Zélande 56 J7
Whakatane Nouvelle-Zélande 57 M4
Whangarei Nouvelle-Zélande 57 L2
Whitehorse capitale de territoire Yukon, Canada 20 F5
Windhoek capitale Namibie 30 J9
Windsor Ontario, Canada 21 N11
Winnipeg capitale provinciale Manitoba, Canada 21 K9
Wisconsin État É.-U. 23 O5
Wollongong Nouvelle-Galles du Sud, Australie 53 P10
Wonsan Corée du Nord 49 P6
Wroclaw Pologne 37 P3
Wuhan Chine 49 N9
Wyoming État É.-U. 23 K5

••X••

Xi Jiang fleuve Chine 49 L10
Xi'an Chine 49 L8
Xianyang Chine 49 L7
Xingu fleuve Brésil 27 Q4
Xining Chine 49 K7
Xuzhou Chine 49 N7

••Y••

Yamoussoukro capitale Côte d'Ivoire 28 G10
Yamunâ rivière Inde 47 N4
Yangtsé fleuve Chine 49 K9
Yaoundé capitale Cameroun 28 J11
Yap île Micronésie 54 H5
Yazd Iran 43 Q5
Yellowknife capitale de territoire Territoires du Nord-Ouest, Canada 20 I6
Yémen pays SO Asie 43 O11
Yinchuan Chine 49 L6
Yogyakarta Indonésie 50 J11
Yokohama Japon 49 S6
Yukon fleuve Canada/É.-U. 11 M3
Yukon territoire Canada 20 G5

••Z••

Zacatecas Mexique 24 G6
Zadar Croatie 39 L7
Zagreb capitale Croatie 39 L6
Zahedan Iran 43 S6
Zambèze fleuve Afrique 31 L8
Zambie pays Afrique 31 K7
Zamboanga Philippines 51 N7
Zanzibar Tanzanie 31 M6
Zaporijjia Ukraine 39 S5
Zhengzhou Chine 49 M7
Zhezkazgan Kazakhstan 45 N5
Zimbabwe pays Afrique 31 K8
Zurich Suisse 37 L5

Index général

L'index général est une liste de tous les sujets abordés dans l'atlas et indique à quelle page ils sont mentionnés.

A

abricots 42, 44
Acropole, Athènes, Grèce 38
Afghanistan 44
drapeau et infos 19, 45
Afrique
conditions de vie 16
distance de l'Espagne 34
nord de l' 18, 28-9
sommet le plus élevé 31
sud de l' 18, 30-1
Afrique, éléphant d' 30
Afrique du Sud
drapeau et infos 18, 30
âge
des gens 17, 34
du soleil 9
agriculture 20, 22, 23, 36, 39, 42, 46, 54, 55
agrumes 30, 36
ail 54
Alaska, États-Unis 22
drapeau et infos 19, 39
Algérie
drapeau et infos 18, 28
aliments cuits à l'étouffée 54
All Blacks 57
Allemagne 36
drapeau et infos 19, 37
Alpes 36
Alpes, bouquetin des 36
Alpes néo-zélandaises 56
alphabétisation 47
alpinistes
décès sur le mont Everest 46
altitude, légende 7
Amazone, fleuve 26
Amérique centrale 18, 24-5
Amérique du Sud 18, 26 7
population 17
Andes 27
Andes, condor des 27
Andorre 34
drapeau et infos 19, 35
espérance de vie 17
aneth 45
Angkor Wat, Cambodge 50
Angola
drapeau et infos 18, 30
anis étoilé 47
années-lumière 8
Antarctique 19, 59
Antigua-et-Barbuda
drapeau et infos 18, 25
Antilles 18, 24, 25
antilope (saïga) 45
Aoraki/Mont Cook 56, 57
Arabie saoudite
drapeau et infos 19, 43
arachides 28, 29
arbres
conifères 15
feuillus 14
arbustaie 15
archipel 51
archipel (groupe d'îles), légende 7
Arctique 58
argent, mines d' 24
Argentine
drapeau et infos 18, 27
Arménie
drapeau et infos 19, 43
articles de cuir 44
Asie
centrale 19, 44-5
de l'Est 19, 48-9
du Sud 19, 46-7
du Sud-Est 19, 50-1
du Sud-Ouest 19, 42-3
Asie du Sud
croissance de la population 16
astéroïdes 8
Atacama, désert d' 27
Athènes, Grèce 38
atmosphère de la Terre 9
aubergines 42
Auckland, Nouvelle Zélande 56
aurores australes 58
aurores boréales 58
Australie 52-3
drapeau et infos 19
Autochtones 20, 22
Autriche 36
drapeau et infos 19, 37
Ayers Rock (Uluru), Australie 52
Azerbaïdjan
drapeau et infos 19, 43
Aztèques 24

B

Bahamas
drapeau et infos 18, 25
Bahreïn
drapeau et infos 19, 43
baies de Gogi (dans la médecine chinoise) 48
baleines à bosse 59
ballet
Bolchoï 40
Mariinsky (Kirov) 40
bananes 24, 26, 55
Bangladesh 46
drapeau et infos 19, 47
population 17
banques 35
baobab 31
Barbade
drapeau et infos 18, 25
basilic 36
basilique Saint-Pierre, Cité du Vatican 36
bassin du Congo 30
Bélarus 38
drapeau et infos 19, 39
Belgique
chocolat 34
drapeau et infos 19, 35
Belize
drapeau et infos 18, 25
Bénin
drapeau et infos 18, 28
bétail, élevage de 26
betterave 41
Bhoutan
drapeau et infos 18, 28
Big Ben, Londres, R.-U. 34
biomes 14
Birmanie (Myanmar)
drapeau et infos 19, 50
bison d'Europe 39
blé 20, 34, 38
Bochimans (San) 30
bois, exportation de 40
bois, immeubles de 32
bois de construction 32
Bolivie
capitales 26
drapeau et infos 18, 27
Bollywood 46
Bombay (Mumbai), Inde 46
Bora-Bora, Polynésie française 55
bortsch 41
Bosnie-Herzégovine 38
drapeau et infos 19, 39
Botswana
drapeau et infos 18, 30
bouddhisme 51
boue chaude 33, 57
bouquetin des Alpes 36
Brésil
drapeau et infos 18, 27
population 17
Brisbane, Australie 52
Brunei
drapeau et infos 19, 51
Buenos Aires, Argentine 27
buffle 30
bulbes à fleur 35
Bulgarie
drapeau et infos 19, 39
Burkina Faso
drapeau et infos 18, 28
Burundi
drapeau et infos 18, 31

C

cacao 26, 28, 55
café 25, 26, 55
Californie, États-Unis 22
Cambodge
drapeau et infos 19, 50
Cameroun
drapeau et infos 18, 29
Canada 20-1
drapeau et infos 18
canaux
canal de Panamá 25
Cancer, tropique du 6
canne à sucre 25, 26, 54
capitales 18-19
légende 7
Capricorne, tropique du 6
Cap-Vert
drapeau et infos 18, 29
cardamome 45, 47
carnavals 26
carte physique de la Terre 10 11
carte politique du monde 12 13
cartes
couleurs 6, 7
échelles 6
fabrication 6
légende des éléments 7
lignes 6
symboles 6
cartographes 6
castor 20
cathédrale Saint-Basile, Moscou, Fédération de Russie 40
Centre spatial Kennedy, Floride, É.-U. 23
cercle arctique 15, 20, 33
cerfs 32
cerfs-volants, festival de 50
chaîne de montagnes
Alpes 36
Alpes néo-zélandaises 56
Andes 27
Himalaya 44, 46
la plus longue 27
Oural 40
Pamir 44
chamois 36
champs pétroliers 22, 28, 40, 44
changements climatiques 14
charbon
gisement 44
lignite (houille brune) 36
charbon, mines de 52
chat siamois 50
chaud, le plus
endroit sur Terre 29, 30, 42
chèvre sauvage 36
chèvres, élevage de 36
chien sauvage 52
chiens
dalmatien 39
lévrier afghan 45
sauvages 52
Chili
drapeau et infos 18, 27
Chine
contrôle de la population17
drapeau et infos 19, 48
population 17
population des villes 16
chocolat 34
christianisme 42, 43
chutes
chutes Niagara 26
chutes Victoria 30
légende 7
les plus hautes 26
Salto del Angel 26
chutes Niagara 26
chutes Victoria 30
Chypre
drapeau et infos 19, 42
cigarette 38
Cité du Vatican 36
drapeau et infos 19, 37
citronnelle 51
climat
extrême 14
tropical 14
types de 14
clôture, la plus longue 52
cobalt 41
cobra royal 46
Colombie
drapeau et infos 18, 27
Colorado, fleuve 22
comètes 8
Comores
drapeau et infos 18, 31
compagnies de ballet 40
conditions météorologiques extrêmes 14
condor des Andes 27
Congo
drapeau et infos 18, 30
Congo, République démocratique du
drapeau et infos 18, 31
conifères 15
construction de navires 50
constructions, les plus grandes 48
continents
le plus grand 28
rubrique des 7
Cook, mont (Aoraki) 56, 57
copra 54
corail, récifs de 53
Corée
du Nord 19, 49
du Sud 19, 49
Corée du Nord
drapeau et infos 19, 49
Corée du Sud
drapeau et infos 19, 49
coriandre 51
Costa Brava, Espagne 34
Costa Rica
drapeau et infos 18, 25
Côte d'Ivoire
drapeau et infos 18, 28
coton 44, 45
couleurs sur les cartes 6, 7
couverture terrestre 14-15
cratères sur la lune 9
Croatie 38
drapeau et infos 19, 39
Cuba 24
drapeau et infos 18, 25
cuisine
afghane 45
allemande 37
asiatique 51
des îles du Pacifique 54
grecque 38
indienne 47
italienne 36
japonaise 49
russe 41
cuivre, gisements de 26, 41, 44, 52
culture céréalière 39
culture de roses 38
culture des céréales 26
cyclones 55

D

dalmatien 39
Danemark
drapeau et infos 18, 33
plages les plus longues 32
Danube, fleuve 36
date, ligne internationale de changement de 55
dattes 28, 29
déchets 50
degré de latitude et de longitude 6
delta
Okavango 31
désert du Namib 30
déserts 42, 44, 46, 52
Atacama 27
Kalahari 30
Kyzylkoum 45
le plus grand 28
le plus sec 27
Namib 30
Sahara 14, 16, 28, 29
température, variations de 15, 29
diamants, mines de 28, 30, 41
dingos 52
distance entre deux lieux 6
Djibouti
drapeau et infos 18, 29
Dominique
drapeau et infos 18, 25
Doria, kangourou arboricole de 54
dragon de Komodo 51
drapeaux 7
Afghanistan 19, 45
Afrique du Sud 18, 30
Albanie 19, 39
Algérie 18, 28
Allemagne 37
Andorre 19, 35
Angola 18, 30
Antigua-et-Barbuda 18, 25
Arabie saoudite 19, 43
Argentine 18, 27
Arménie 19, 43
Australie 19, 53
Autriche 19, 37
Azerbaïdjan 19, 43
Bahamas 18, 25
Bahreïn 19, 43
Bangladesh 19, 47
Barbade 18, 25
Bélarus 19, 39
Belgique 19, 35
Belize 18, 25
Bénin 18, 28
Bhoutan 19, 47
Birmanie (Myanmar) 19, 50
Bolivie 18, 27
Bosnie-Herzégovine 19, 39
Botswana 18, 30

Brésil 18, 27
Brunei 19, 51
Bulgarie 19, 39
Burkina Faso 18, 28
Burundi 18, 31
Cambodge 19, 50
Cameroun 18, 29
Canada 18, 21
Cap-Vert 18, 28
Chili 18, 27
Chine 19, 48
Cité du Vatican 19, 37
Colombie 18, 27
Comores 18, 31
Congo 18, 30
Corée du Nord 19, 49
Corée du Sud 19, 49
Costa Rica 18, 25
Côte d'Ivoire 18, 28
Croatie 19, 39
Cuba 18, 25
Chypre 19, 42
Danemark 18, 33
Djibouti 18, 29
Dominique 18, 25
Égypte 18, 29
El Salvador 18, 24
Émirats arabes unis 19, 43
Équateur 18, 27
Érythrée 18, 29
Espagne 19, 35
Estonie 18, 33
États-Unis 18, 23
Éthiopie 18, 29
Fidji 19, 55
Finlande 18, 33
France 19, 35
Gabon 18, 30
Gambie 18, 28
Géorgie 19, 43
Ghana 18, 28
Grèce 19, 39
Grenade 18, 25
Guatemala 18, 24
Guinée 18, 28
Guinée équatoriale 18, 30
Guinée-Bissau 18, 28
Guyana 18, 27
Haïti 18, 25
Honduras 18, 25
Hongrie 19, 39
Îles Marshall 19, 54
Îles Salomon 19, 54
Inde 19, 47
Indonésie 19, 51
Irak 19, 43
Iran 19, 43
Irlande 19, 35
Islande 18, 33
Israël 19, 43
Italie 19, 37
Jamaïque 18, 25
Japon 19, 49
Jordanie 19, 43
Kazakhstan 19, 45
Kenya 18, 31
Kirghizistan 19, 45
Kiribati 19, 55
Koweït 19, 43
Laos 19, 50
Lesotho 18, 31
Lettonie 19, 33
Liban 19, 42
Libéria 18, 28
Libye 18, 29
Liechtenstein 19, 37
Lituanie 19, 33
Luxembourg 19, 35
Macédoine 19, 39
Madagascar 18, 31
Malaisie 19, 50
Malawi 18, 31
Maldives 19, 47
Mali 18, 28
Malte 19, 37
Maroc 18, 28
Maurice 18, 31
Mauritanie 18, 28
Mexique 18, 24
Micronésie 19, 54
Moldavie 19, 39
Monaco 19, 35
Mongolie 19, 49
Monténégro 19, 39
Mozambique 18, 31
Namibie 18, 30
Nauru 19, 55
Népal 19, 47
Nicaragua 18, 25
Niger 18, 29
Nigéria 18, 28
Norvège 19, 33
Nouvelle-Zélande 19, 57
Oman 19, 43
Ouzbékistan 19, 45
Pakistan 19, 46
Palau 19, 54
Panamá 18, 25
Papouasie-Nouvelle-Guinée 19, 54
Paraguay 18, 27
Pays-Bas 19, 35
Pérou 18, 27
Philippines 19, 51
Pologne 19, 37
Portugal 19, 35
Qatar 19, 43
République centrafricaine 18, 29
République démocratique du Congo 18, 31
République dominicaine 18, 25
République tchèque 19, 37
Roumanie 19, 39
Royaume-Uni 19, 35
Russie 19, 40
Rwanda 18, 31
Sahara occidental 18, 28
Sainte-Lucie 18, 25
Saint-Kitts-et-Nevis 18, 25
Saint-Marin 19, 37
Saint-Vincent-et-les-Grenadines 18, 25
Samoa 19, 55
Sao Tomé-et-Príncipe 18, 30
Sénégal 18, 28
Serbie 19, 39
Seychelles 18, 31
Sierra Leone 18, 28
Singapour 19, 50
Slovaquie 19, 37
Slovénie 19, 37
Somalie 18, 29
Soudan 18, 29
Sri Lanka 19, 47
Suède 19, 33
Suisse 19, 37
Suriname 18, 27
Swaziland 18, 31
Syrie 19, 42
Tadjikistan 19, 45
Taïwan 19, 49
Tanzanie 18, 31
Tchad 18, 29
Thaïlande 19, 50
Timor oriental 19, 51
Togo 18, 28
Tonga 19, 55
Trinité-et-Tobago 18, 25
Tunisie 18, 28
Turkménistan 19, 45
Turquie 19, 43
Tuvalu 19, 55
Ouganda 18, 31
Ukraine 19, 39
Uruguay 18, 27
Vanuatu 19, 54
Venezuela 18, 27
Vietnam 19, 50
Yémen 19, 43
Zambie 18, 31
Zimbabwe 18, 31
dromadaires 43
Dubaï, Émirats arabes unis 42
Dubrovnik, Croatie 38
dunes de sable 29

E

É. U. voir États-Unis d'Amérique
eau douce 59
eau salée, lac d' 43
    légende 7
    le plus grand 44
écarts de températures
    dans les déserts 15, 29
échelles graphiques (sur les cartes) 7
échidné 52
écoles musulmanes 44
écorce terrestre 9
écosystème 14
écureuil roux 32
Égypte
    drapeau et infos 18, 29
    tourisme 28
El Salvador
    drapeau et infos 18, 24
électronique 34, 48, 51
éléments physiques, légende des 7
éléphant d'Afrique 30
élevage de moutons 52, 57
élevage de porcs 32, 36
élevage de rennes 41
Émirats arabes unis
    drapeau et infos 19, 43
encadrés « Le savais-tu? » 7
endroit le plus venteux sur Terre 59
endroits les plus froids 22, 48, 58, 59
endroits les plus secs du monde 27, 30, 42, 44, 52
ensoleillement, heures d' 33
Équateur
    exportation de bananes 26
    drapeau et infos 18, 27
équateur 6
    climat 14
    forêts tropicales 14
équipes de rugby 57
Érythrée
    drapeau et infos 18, 29
espace, planète Terre dans l' 8-9
Espagne
    distance de l'Afrique 34
    drapeau et infos 19, 35
    instrument de musique national 35
    oranges 34
espérance de vie 17
    la plus longue 34
espérances de vie 34
essence de rose 38
Estonie
    drapeau et infos 18, 33
États, légende des 7
États-Unis d'Amérique (É.-U.) 22 23
    drapeau et infos 19, 35
    population 17
Éthiopie
    drapeau et infos 18, 29
Etna, mont 37
étoiles 8
Euphrate, fleuve 43
Europe
    centrale 19, 36-7
    conditions de vie 16
    du Nord 18-19, 32-3
    du Sud-Est 19, 38
    de l'Ouest 19, 34-5
Europe, bison d' 39
Everest, mont 46

F

fabrication de fromage 34
fabrication des cartes 6
failles (dans la roche) 9
familles, taille des 29
Fédération de Russie 40-1
    drapeau et infos 19
    population 17
félins, grands
    jaguar 26
    léopard 30
    léopard des neiges 44
    lion 30
    lynx 36
    tigre de Sibérie 40
fennec 28
fer
    minerai de 32
    gisement de 26, 41, 44
fer (dans le noyau de la Terre) 9
fer, industrie du 32
feuilles d'érable 20
feuillus 14
Fidji
    drapeau et infos 19, 55
Finlande
    drapeau et infos 18, 33
    lacs et forêts 32
fjords 32, 56, 57
fleurs 31, 34
fleuves
    Amazone 26
    Colorado 22
    Danube 36
    Euphrate 43
    Gange 46
    légende des fleuves 7
    le plus long 29, 36
    Nil 28, 29
    Okavango 31
    Pô 36
    Rhin 36
    Rhône 36
    sur les cartes 6
    Tigre 43
    Zambèze 30
Ford, Henry 22
forêt amazonienne 26
    les plus grandes 26, 30
forêt tropicale de feuillus 14
forêts 14-15, 20, 32, 36, 41, 56
forêts tempérées 14
forêts tropicales humides14, 46, 56, 57
    animaux 31
    bassin du Congo 30
    défrichement 26
fortifications 38
Fossey, Dian 31
fossiles humains 31
France 36
    drapeau et infos 19, 35
fromages 34
Francfort, Allemagne 37
frontière contestée
    légende 7
frontière des pays (sur une carte) 6
    légende 7
frontière entre deux États
    légende 7
frontière la plus longue 23
fruits 22, 25, 57
Fuji, mont 49

G

Gabon
    drapeau et infos 18, 30
galaxies 8
Gambie
    drapeau et infos 18, 28
Gange, fleuve 46
gaz, industrie du 22, 26
gaz naturel 28, 40, 44
« géantes gazeuses » 8
gentianes 37
Géorgie
    drapeau et infos 19, 43
geysers 33, 57
Ghana
    drapeau et infos18, 28
gingembre 54
glace 59
    banquises 58
    fonte 58
    particules 8
glaciers 32, 33
globe 6
globes localisateurs 7
gorilles 31
Gorilles dans la brume 31
Grand Canyon, États-Unis 22
Grande barrière, Australie 53
Grande Muraille de Chine 48
Grandes Antilles 24, 25
Grandes Plaines, États-Unis 23
grands animaux
    « cinq grands » (animaux sauvages africains) 30
gratte-ciel 23
gravité (des planètes) 8, 9
Grèce
    drapeau et infos 19, 39
Greenwich, Londres, R. U. 6
Grenade
    drapeau et infos 18, 25
grille, lettres et nombres de la 7
grizzly 23
grue de Sibérie 41
Guatemala
    drapeau et infos 18, 24
guerres 42
Guinée
    drapeau et infos 18, 28
Guinée-Équatoriale
    drapeau et infos 18, 30
Guinée-Bissau
    drapeau et infos 18, 28
guitare 35
Guyana
    drapeau et infos 18, 27

H

habitats des animaux 14
habitats des plantes 14
Haïti
    drapeau et infos 18, 25
haka 57
haut, le plus
    endroit en Afrique 31
    endroit sur Terre 47
    hôtel 42
haute, la plus
    capitale 26
    chute 26
    roue d'observation 34
hautes, les plus
    montagnes 22, 27, 31, 36, 44, 46, 47, 49, 56
hauteur de la montagne, légende 7
Hawaii 22
hélium 9
hérisson 35
Himalaya 44, 46
hindouisme 46
hockey sur glace 21
Honduras
    drapeau et infos 18, 25
Hongrie
    drapeau et infos 19, 39
Hooker, lion de mer de 57
hôtel Burj al-Arab, Émirats arabes unis 42
huile de coco 54
huile de palme 28
hydroélectricité 21, 32, 57
hydrogène 9

I

icebergs 59
ignames 31
îles, groupe d' (archipel), légende 7
îles Britanniques (Royaume-Uni et Irlande) 35

Îles du Pacifique 54 55
drapeau et infos 19
Îles Marshall
drapeau et infos 19, 54
Îles Salomon
drapeau et infos 19, 54
Inde 46, 47
drapeau et infos 19, 47
population 17
villes 16
index, comment utiliser l' 7
indice de la paix 32
Indonésie
drapeau et infos 19, 51
industrie alimentaire 51
industrie automobile 20, 22, 33, 34, 36, 48
industrie cinématographique 46
industrie de la machinerie 20
industrie de la pêche 21, 25, 32, 54, 56
industrie de la viande 39
industrie du bois 20, 51
industrie informatique 22, 51
industrie minière 20, 22, 24, 26, 28, 30, 36, 41, 51, 52
industrie pétrolière 22, 26, 42, 50, 51
industrie technologique 48, 50, 56
industrie vinicole 22, 34, 52, 56
inondations 14
population 17
instrument de musique national
Espagne, 35
introduction 7
Irak
drapeau et infos 19, 43
Iran 42
drapeau et infos 19, 43
Irlande
drapeau et infos 19, 35
Islam 42, 43
Islande
drapeau et infos 18, 33
volcans 33
Israël 42
drapeau et infos 19, 43
Italie 36
drapeau et infos 19, 37

J

jaguar (félin) 26
Jamaïque
drapeau et infos 18, 25
Japon
drapeau et infos 19, 43
espérance de vie 17
population 17
Java 51
Jérusalem, Israël 43
Jordanie
drapeau et infos 19, 49
judaïsme 42, 43
Jupiter (planète) 8, 9
jus de citron 54

K

Kaaba, Arabie saoudite 42
Kaikoura, Nouvelle-Zélande 56
Kalahari, désert du 30
kangourou 52
arboricole de Doria 54
kangourous arboricoles 54
Kazakhstan 44
drapeau et infos 19, 45
Kenya
drapeau et infos 18, 31
Kilimandjaro 31
Kirghizistan 44
drapeau et infos 19, 45
Kiribati
drapeau et infos 19, 55
kiwi 57
koala 52, 53
Koweït
drapeau et infos 19, 43
krill 59
Kyzylkoum, désert de 45

L

La Mecque, Arabie saoudite 42
La Paz, Bolivie 26
la plus grande
mine de diamants 41
mine d'or 45
planète 9
primate 31
structure 48
la plus longue
chaîne de montagnes 27
clôture 52
frontière (étatique) 23
la plus petite
population d'un pays 56
république 54
la plus vieille
république 37
lac Baïkal 40
lac le plus profond 40
lacs 20, 32
Baïkal 40
d'Ohrid 38
de Prespa 38
le plus profond40
légende 7
Nicaragua 24
Supérieur 21
lacs d'eau douce
le plus grand 21
le plus vieux 40
lacs d'eau salée 7, 43, 44
laine, production de 57
langues
allemand 37
anglais 21
français 21, 37
italien 37
mandarin 48
pays avec le plus de langues 54
romanche 37
scandinave 32
tok pisin 55
Laos
drapeau et infos 19, 50
Laponie (Finlande, Norvège et Suède) 32
latitude 6
lave 9
Le Caire, Égypte 29
le plus (dans un pays)
de langues 54
d'habitants 17, 35
le plus grand
champ pétrolier 22
continent 28
désert chaud 28
lézard 51
monument religieux 50
oiseau terrestre 27
palais 51
pays 40
primate 31
rocher 52
le plus petit
océan 58
pays 36
le plus vieux
lac d'eau douce 40
légende des cartes 7
légumes, culture de 22, 39
légumes, origines de certains 26
léopard 30
léopard des neiges 44
les plus grandes
forêts tropicales humides 26, 30
villes 27
les plus grands
lacs 21, 44
les plus longues
plages 32
les plus riches, pays 22, 48
les plus vieilles villes 44
Lesotho
drapeau et infos 18, 31
Lettonie
drapeau et infos 19, 33
lévrier afghan 45
lézard, le plus grand 51
Liban
drapeau et infos 19, 42
Libéria
drapeau et infos 18, 28
Libye
drapeau et infos 18, 29
gisements de pétrole et de gaz naturel 28
lichens 15
Liechtenstein 34
drapeau et infos 19, 37
liège 28, 34
lignes sur les cartes 6
lignite (houille brune) 36
limes 51, 54
lion 30
lion de mer de Hooker 57
Lituanie
drapeau et infos 19, 33
Livingstone, David 30
London Eye, Londres, R.-U. 34
longitude 6
loup gris 32, 37
lune de la Terre 9
lunes 8
Luxembourg
banques 35
drapeau et infos 19, 35
lynx 36

M

Macédoine 38
drapeau et infos 19, 39
Madagascar
drapeau et infos 18, 31
madrasa Shirdar, Samarkand, Ouzbékistan 44
magma 9
maïs 23, 46
Malaisie
drapeau et infos 19, 50
Malawi
drapeau et infos 18, 31
Maldives
drapeau et infos 19, 47
Mali
drapeau et infos 18, 28
Malte
drapeau et infos 19, 37
manchot empereur 59
Manhattan, New York, États-Unis 23
manioc 31
manque de ressources 16
manteau de la Terre 9
mares de boue chaude 33, 57
Maroc
drapeau et infos 18, 28
tourisme 28
Mars (planète) 8, 9
marsupiaux 52, 54
martre des pins 39
masques 51
Maurice
drapeau et infos 18, 31
Mauritanie
drapeau et infos 18, 28
médicine chinoise 40, 48
Mélanésie 54
Melbourne, Australie 52
melons 44
mer Baltique 36
mer Caspienne 44
mer d'Aral 44
mer des Caraïbes 25
mer Méditerranée 36
mer Morte 42, 43
Mercure (planète) 8, 9
mers, légende des 7
Mésopotamie 43
mesures pour la fabrication d'une carte 6
métaux 40
météorites 9
méthane 8
Mexico, Mexique 24
Mexique
drapeau et infos 18, 24
population 17
Micronésie
drapeau et infos 19, 54
Milford Sound, Nouvelle-Zélande 57
Milford Track, Nouvelle-Zélande 57
millet 46
mine de diamants de Mirny, Sibérie 41
mines d'uranium 28
Moldavie 38
drapeau et infos 19, 35
Monaco 34
drapeau et infos 19, 35
population 17, 35
Mongolie
densité de la population 16
drapeau et infos 19, 49
monotrèmes 52
mont Aconcagua, Argentine 27
Mont Blanc 36
montagnes 51
Aoraki/Mont Cook 56, 57
Etna 37
Everest 46, 47
Fuji 49
Kilimandjaro 31
légende des altitudes 7
les plus hautes 22, 27, 31, 36, 44, 46, 47, 49, 56
neige 15, 31
Otemanu 55
Monténégro 38
drapeau et infos 19, 39
monument religieux, le plus grand 50
Monument Valley, États-Unis 22
Moscou, Fédération de Russie 40
Mouhot, Henri 50
mousse 15
moussons 46, 51
Mozambique
drapeau et infos 18,31
Mumbai (Bombay), Inde 46
Murantau, Ouzbékistan 45
Myanmar voir Birmanie

N

Namibie
drapeau et infos 18, 30
Nauru
drapeau et infos 19, 55
neige sur les montagnes 15, 31, 46, 49
Népal
drapeau et infos 19, 55
Neptune (planète) 8
Nicaragua
drapeau et infos 18, 25
Nicaragua, lac 24
nickel (dans le noyau terrestre) 9
nickel, mines de 41
Niger
drapeau et infos 18, 29
Nigéria
drapeau et infos 18, 28
population 17
Nil 28, 29
niveau de la mer 32
terres sous le niveau de la mer 35, 42
noix 42
noix de coco 54, 55
noix de pin 45
nomades 16, 45
Norvège
drapeau et infos 19, 33
fjords 32
nourriture
pays qui produisent suffisamment de 36, 42
Nouvelle-Guinée 54
Nouvelle-Zélande 56-7
drapeau et infos 19
noyau de la Terre 9

O

observation, roue d' 34
observation de baleines 56
océan Arctique 6
océans
différents niveaux 24
légende 7
le plus petit 58
Ohrid, lac d' 38
oignons 54
oiseau national
Guatemala 24
États-Unis 23
Okavango, delta de l' 31
Okavango, fleuve 31
Olduvai, gorges d', Tanzanie 31
olives 28, 36, 38
Oman
drapeau et infos 19, 43
opales, mines d' 52
Opéra de Sydney, Australie 53
opossums 52
or, gisement d' 28, 30, 41, 45, 52
oranges 34
orangs-outans 50
orbites planétaires 9
orge 36
orignal 21
ornithorynque 52
oryx d'Arabie 42
Otemanu, mont 55
Ouganda
drapeau et infos 18, 31
ouragans 55
Oural, monts 40
ours 37
brun 32
grizzly 23
polaire 14, 58
outback (australien) 52
Ouzbékistan 44
drapeau et infos 19, 45

P

Pakistan
drapeau et infos 19, 46
population 17
palais
le plus grand 51
palais pontifical, Cité du Vatican 36
palais pontifical, Cité du Vatican 36
Palau
drapeau et infos 19, 54
palmiers 55
Pamir 44
pampa 15, 26
Panamá
drapeau et infos 19, 25
Panamá, canal de 25
panda géant 48
papillon monarque 24
Papouasie-Nouvelle-Guinée
drapeau et infos 19, 54
Paraguay
drapeau et infos 18, 27

parc national du Triglav, Slovénie 36
parcs nationaux 36
Paris, France 35
Parthénon, Athènes, Grèce 38
patates douces 55
pâtes 36
pays
 index 7
 légende 7
pays, frontière des (sur une carte) 6
 légende 7
pays, population 18-19
 Inde 46
 Monaco 17, 35
pays, taille des
 le plus grand 40
 le plus petit 36
pays Baltes (Estonie, Lettonie et Lituanie) 32
Pays-Bas
 culture de fleurs 34
 drapeau et infos 19, 35
 hauteur des terres 35
 industrie des bulbes à fleur 35
 population 34
 tourisme 35
pêches 44
Pérou
 drapeau et infos 18, 27
Perth, Australie 52
Petites Antilles 25
Petra, Jordanie 42
peuple inuit 58
peuple maori 56, 57
peuple maya 24
Philippines 50
 drapeau et infos19, 51
phosphates 41
photos 7
piments les plus piquants 24
pistaches 42
pizza 36
place Rouge, Moscou, Fédération de Russie 40
plages 56
 les plus longues 32
planète naine 8
planètes
 caractéristiques 9
 la plus éloignée du Soleil 8
 la plus proche du Soleil 8, 9
 naines 8
plans de rues 6
plantes médicinales 48
plaques tectoniques 9
pluie14
Pluton (planète) 8
Pô, fleuve 36
Pohutu (geyser) 57
pôle Nord 6, 14, 58
pôle Sud 6, 14, 58
Pologne 36
 drapeau et infos 19, 37
Polynésie 54, 55
pommes de terre 34, 36
Pompéi, Italie 37
population 16 17
 contrôle des naissances 17
 croissance 16, 17
 densité 16, 17
 légende de la carte 17
 pays le moins peuplé 56
 pays le plus peuplé 35
 répartition 16 17
 ville 16, 24, 29, 48, 49
population des pays 18 19
 Canada 20
 Chine 48, 49
 États Unis 22
 Inde 46
 Monaco 17, 35
Portugal
 drapeau et infos 19, 35
 tomates 34
poupées russes 41
« Pour en savoir plus » (encadrés) 7
prairies 15, 44
Prespa, lac de 38
principautés 34
produits laitiers 39
produits textiles 28
programmes spatiaux 23
projections de cartes 6
promontoire, légende 7
Prudhoe Bay 22
pygargue à tête blanche 23

Q

Qatar
 drapeau et infos 19, 43
quetzal 24

R

raisins 28, 30, 34, 36, 38, 39
régions polaires
 climat 14
régions tropicales 14
renard
 fennec 28
 roux 34
renne 32
République centrafricaine
 drapeau et infos 18, 29
République dominicaine
 drapeau et infos 18, 25
République tchèque 37
 drapeau et infos 19, 37
républiques
 la plus petite 54
 la plus vieille 37
requin bouledogue 24
requins 24
Rhin, fleuve 36
rhinocéros 30
Rhône, fleuve 36
Rio de Janeiro, Brésil 26
rivières 29, 36
riz 46, 48
rizières 50
rizières en terrasses 50
rocher, le plus gros 52
rose des vents 7
Rotorua, Nouvelle-Zélande 57
Roumanie 38
 drapeau et infos 19, 39
Royaume-Uni
 drapeau et infos 19, 35
 tourisme 34
rubis 50
rubriques des régions 7
Rwanda
 drapeau et infos 18, 31

S

Saami 32, 38
sable, dunes de 29
Sahara, désert du 14, 16, 28, 29
Sahara occidental
 drapeau et infos 18, 28
saïga 45
Sainte-Lucie
 drapeau et infos 18, 25
Saint-Kitts-et-Nevis
 drapeau et infos 18, 25
Saint-Marin
 drapeau et infos 19, 37
Saint-Vincent-et-les-Grenadines
 drapeau et infos 18, 25
Salto del Angel 26
Samarkand, Ouzbékistan 44
Samoa
 drapeau et infos 19, 55
San (Bochimans) 30
sanglier 38
Sao Tomé-et-Principe
 drapeau et infos 18, 30
Saturne (planète) 8
Saturne, anneaux de 8
saucisse de Francfort 37
saumon, pêche au 21savane 15, 30
Scandinavie (Norvège, Suède et Danemark) 32
scorpion 29
sculptures Tiki 56
sécheresses 14
Sénégal
 drapeau et infos 18, 28
Serbie 38
 drapeau et infos 19, 39
serpent marin 53
serpents
 cobra royal 46
 serpent marin 53
Seychelles
 drapeau et infos 18, 31
Shâh Jahân 46
Shanghai, Chine 49
siamois, chat 50
Sibérie 40, 41
Sibérie, grues de 41
Sibérie, tigres de 40
sida 17
Sierra Leone
 drapeau et infos 18, 28
Singapour
 densité de la population 16
 drapeau et infos 19, 50
sirop d'érable 21
sites du patrimoine mondial 56
Slovaquie
 drapeau et infos 19, 37
Slovénie 36
 drapeau et infos 19, 37
Soleil
 distance relative des planètes 8
 force 14
 planètes les plus éloignées 8
 planètes les plus proches 8, 9
 température 9
 temps que met la lumière du Soleil pour atteindre la Terre 8
Somalie
 drapeau et infos 18, 29
Soudan
 drapeau et infos 18, 29
sources d'eau chaude 33, 38
sous-continent indien 46
sports
 hockey sur glace 21
 rugby 57
Sri Lanka 46
 drapeau et infos 19, 47
steppes 15
Strokkur, geyser 33
Sucre, Bolivie 26
Suède 32
 drapeau et infos 19, 33
Suisse 36
 drapeau et infos 19, 37
Supérieur, lac 21
Suriname
 drapeau et infos 18, 27
sushi 49
Swaziland
 drapeau et infos 18, 31
 espérance de vie 17
Sydney, Australie 52, 53
symboles nationaux
 drapeaux 18 19
 oiseaux 23, 24
 instruments de musique 35
symboles nationaux (pays)
 Canada 20
 Japon 49
 Nouvelle-Zélande 57
symboles sur les cartes 6
Syrie
 drapeau et infos 19, 42
système solaire 8
 la plus grande planète 9

T

tabac 38
Tadjikistan 44
 drapeau et infos 19, 45
taïpans 53
Taïwan
 drapeau et infos 19, 49
Taj Mahal, Âgra, Inde 46
Tanzanie
 drapeau et infos 18, 31
tapis, fabrication 42, 44, 57
Tchad
 drapeau et infos 18, 29
Tchécoslovaquie 37
températures sur Terre
 les plus chaudes 15, 29, 30, 42
 les plus froides 22, 48, 58, 59
tempêtes 14
temples bouddhistes 51
Terre (planète) 9
 dans l'espace 8-9
terres agricoles 15
territoires dépendants, légende 7
tête blanche, pygargue à 23
TGV 34
Thaïlande
 drapeau et infos 19, 50
thé
 exportations 47
 plantations 46
thon, pêche au 54
Tigre, fleuve 43
tigres de Sibérie 40
Timor oriental
 drapeau et infos 19, 51
Togo
 drapeau et infos 18, 28
Tokyo, Japon 48
tomates 34, 36
tombes
 Taj Mahal, Âgra, Inde 46
Tonga
 drapeau et infos 19, 55
tortue verte 55
toundra 15, 20, 41
Tour du CN, Toronto, Canada 21
tour Eiffel, Paris, France 35
tourisme
 Alpes 36
 Antarctique 59
 Antilles 25
 Australie 52
 Espagne 34
 Îles du Pacifique 54
 Israël 42
 Jordanie 42
 nord de l'Afrique 28
 Norvège 32
 Nouvelle-Zélande 56
 Pays-Bas 35
 Polynésie 55
 Royaume-Uni 34
 sud de l'Afrique 30
 Turquie 42
tournesols 39
tours
 tour Eiffel, Paris, France 35
 Tour du CN, Toronto, Canada 21
trains
 le transsibérien 41
 le plus rapide 34
 TGV 34
Traité sur l'Antarctique 59
tremblements de terre 9
Trinité-et-Tobago
 drapeau et infos 18, 25
tropique du Cancer 6
tropique du Capricorne 6
tsunamis 47
tulipes, champs de 35
Tunisie
 drapeau et infos 18, 28
 tourisme 28
Turkménistan 44
Turquie 42
 drapeau et infos 19, 43
Tuvalu
 drapeau et infos 19, 55
typhons 55

U

Ukraine 38
 drapeau et infos 19, 39
Uluru (Ayers Rock), Australie 52
Union astronomique internationale 8
Univers 8
Uranus (planète) 8
Uruguay
 drapeau et infos 18, 27

V

vagues, grandes 47
Vanuatu
 drapeau et infos 19, 54
végétation 14
Venezuela 26
 drapeau et infos 18, 27
venin de serpent 53
venin le plus puissant (chez les serpents) 53
vents forts 14, 29, 55
Vénus (planète) 8, 9
Vésuve 37
Vietnam
 drapeau et infos 19, 50
vignes 34
VIH/sida 17
villes
 fortification 38
 la plus grande 27
 la plus vielle 44
 légende 7
 population des 16, 24, 29, 48, 49
villes (sur les cartes) 6
villes, capitales 18-19
 Bolivie 26
 Égypte 29
 la plus élevée 26
 légende 7
Voie lactée 8
voitures Lamborghini 36
voitures Saab 33
volcans 9, 33, 37, 51, 54, 56

W

wallaby 52

Y

yack 49
Yémen
 drapeau et infos 19, 43
Yougoslavie 38
yourtes 45

Z

Zambèze, fleuve 30
Zambie
 drapeau et infos 18, 31
Zimbabwe
 drapeau et infos 18, 31

Références photographiques

La maison d'édition souhaite remercier les personnes et les organismes suivants, qui l'ont autorisée à utiliser leurs photos :

Abréviations
h = haut; b = bas; c = centre;
d = droite; g = gauche.

Aloysius Han - www.geohavens.com, pour les rubis à la p. 50; Alstom; Automobili Lamborghini SpA; Tour CN, Canada; Dickinson by Design; Ford Motor Company; International Crane Foundation, Baraboo, Wisconsin; Jumeirah International; Memories of New Zealand - www.memoriesofnz.co.nz; Saab Great Britain Ltd

Ardea : John Wombe/Auscape/ Ardea.com 53 bc

Britain on View : www.britainonview.com 34 bc

Bruce Coleman : 55 cd

Corbis : Tiziana et Gianni Baldizzone : 32 hd; Sharna Balfour; Gallo Images : 31 hd; Tom Bean : 36 bg; Fernando Bengoechea/Beateworks : 35 hd; Tibor Bognar : 46 cg, 46 cg; Christophe Boisvieux : 17 bd; Simonpietri Christian/Corbis Sygma : 9 bd; Arko Datta/Reuters : 46 cg; Colin Dixon/Arcaid : 38 cdb; DLILLC : 30 bc, 56 cd; epa : 14 cg; Alejandro Ernesto/epa : 14 bg; Randy Faris : 24 bg; Paddy Fields — Louie Psihoyos : 50 bg; Franz Marc Frei : 56 bg; Natalie Fobes : 35 bd; Owen Franken : 17 hd; Darrell Gulin : 15 hd; Ainal Abd Halim/Reuters : 42 hd; Lindsay Hebberd : 17 hg; Chris Hellier : 31 cd; Dallas and John Heaton/Free Agents Limited : 29 bd, 49 hd; Jon Hicks : 27 bd; Robert van der Hilst : 38 cg; Eric et David Hosking : 15 bcg; Hanan Isachar : 43 hd; Wolfgang Kaehler : 15 hg, 15 bd, 54 bg; Catherine Karnow : 38 cd, 55 hd; Frank Krahmer/zefa : 27 cg; Jacques Langevin/Corbis Sygma : 41 hd; Danny Lehman : 25 bd; John et Lisa Merrill : 36 c; Viviane Moos : 46 hd; Kazuyoshi Nomachi : 29 hc; Neil Rabinowitz : 57 cd; Finbarr O'Reilly/Reuters : 16 hd; José Fuste Raga/zefa : 14 bd, 22 bg, 34 cd, 49 bd, 50 c; Carmen Redondo : 32 bd; Reuters : 26 cd, 53 hd; Guenter Rossenbach/zefa : 15 hcg; Galen Rowell : 55 hg, 58 cd; Anders Ryman : 52 cg; Kevin Schafer : 9 bc; Alfio Scigliano/Sygma/Corbis : 37 bd, Paul Seheult/Eye Ubiquitous : 26 hd, Hugh Sitton/zefa : 51 hg; Hubert Stadler : 15 hcd; Paul A. Souders : 33 cd; Jon Sparks : 42 bg; Shannon Stapleton/Reuters : 16 bg; Hans Strand : 56 hd; Staffan Widstrand : 37 cd; Uli Wiesmeier/zefa : 36 hd; Tony Wharton/Frank Lane Picture Agency : 37 hd; Larry Williams : 25 hd; Valdrin Xhemaj/epa : 21 hc; Shamil Zhumatov/Reuters : 44 c

ESA : 8 cg, c, cd, 9 cg, c, c, cd.

FLPA : Ingo Arndt/Foto Natural/Minden Pictures : 38 bc; Richard Becker : 14 hd; Jim Brandenburg/Minden Pictures : 48 cg; Hans Dieter Brandl : 32 cd; Michael Callan : 32 cg; R.Dirscherl : 51 cd; Gerry Ellis/Minden Pictures : 48 bg; im Fitzharris/Minden Pictures/FLPA : 20 bg; Michael et Patricia Fogden/Minden Pictures : 24 bc; Michael Gore : 52 c; Rev. Bruce Henry : 46 bd; Michio Hoshino/Minden Pictures : 23 hd, 58 bd; Mitsuaki Iwago/Minden Pictures : 52 bc; Frank W Lane : 45 hd; Frans Lanting : 23 bc, 26 bc, 29 cd; Thomas Mangelsen/Minden Picture : 4 5 b; S et D et K Maslowski : 20 bc; Claus Meyer/Minden Pictures : 26 cg; Yva Momatiuk/John Eastcott /Minden Pictures : 27 hd; Colin Monteath/Minden Pictures : 47 hd; Rinie van Muers/Foto Natura : 3 c, 59 hd; Mark Newman : 41 hg; Flip Nicklin/Minden Pictures : 21 hd; R et M Van Nostrand : 28 bg; Alan Parker : 44 bg; Walter Rohdich : 46 cd; L Lee Rue : 21 cd; Cyril Ruoso\JH Editorial/Minden Pictures : 36 bd; Silvestris Fotoservice : 39 cd; Jurgen et Christine Sohns : 31 hc, 44 bd; Inga Spence : 42 bc; Egmont Strigl/Imagebroker/FLPA : 45 bd; Chris et Tilde Stuart : 43 bd; Terry Andrewartha : 58 hd; Barbara Todd/Hedgehog House/Minden Pictures : 59 cd; Winfried Wisniewski : 40 cg, 59 bg; Terry Whittaker : 34 hd; Konrad Wothe/Minden Pictures : 40 bc; Zhinong Xi/Minden Pictures : 49 hg; Shin Yoshino/Minden Pictures : 53 cd.

Andy Crawford : 51 bd

Steve Gorton : 24 c, 34 cg, 36 c, 38 hc, bc, 41 bg, 42 c, 45 hg, cd, 47 cg, bc, 49 cd, 51 c, 54 hd, 54 hd, 54 bc

NASA : 9 hd, 23 bd.

Chez Picthall : 2 b, 23 hc, 41 bd.

Peter Picthall : 28 cg

Still Pictures : K. Thomas/Still Pictures : 39 hg.

Warren Photographic : Jane Burton : 39 bd, 50 hd, 57 bd; Kim Taylor et Mark Taylor : 32 c; Mark Taylor : 50 hg, Monarch butterflies © Warren Photographic : 24 hc.

Dominic Zwemmer : 14 cg, 15 bc, 30 cg, 53 bd, 57 c.

Page couverture
Image principale : NASA; Tim Graham/Corbis : hg; DLILLC/Corbis : cg; Michael Gore FLPA : cgb; Cyril Ruoso\JH Editoria/Minden Pictures/FLPA : bg.

Quatrième de couverture
Jose Fuste Raga/Corbis : hg, cg; Warren photographic : cgb; NASA : bg.

Tout a été mis en œuvre pour trouver les détenteurs des droits d'auteur, et nous nous excusons à l'avance de toute omission involontaire. Nous serons heureux d'apporter les rectifications qui s'imposent dans les éditions ultérieures du présent livre.

Les continents